金鳥の夏はいかにして日本の夏になったのか？

カッパと金の鶏の不思議な関係

金鳥宣伝部・編

発行：ダイヤモンド・ビジネス企画
発売：ダイヤモンド社

まえがき

今年も日本に暑い夏がやって来ました。

毎年のことですが、四季のある日本では、今年は猛暑なのか、水不足なのかと、梅雨も明けないうちから話題になります。

蚊、ハエ、ゴキブリといった害虫は一年中いますが、やはり暑い季節の方が害虫たちも活発です。特に蚊は、あまり良いとはいえない夏の風物詩で、噛まれるとかゆみが出て不快な思いをするだけでなく、昨今話題になっているデング熱は蚊に噛まれることが原因で感染します。人の命や健康をおびやかす危険性があるため、夏を安全に乗り切るには、蚊に噛まれないようにするための対策は必須と言えるでしょう。

蚊に悩まされる季節には、全国各地で金鳥の看板製品である蚊取り線香「金鳥の渦巻」が焚かれていると嬉しいなと思います。蚊取り線香や虫除け対策の製品は多数販売されているので、皆さん何かしら利用されていると思いますが、当社のＣＭ「金鳥の渦巻」シリーズの、あの暗闇に浮かび上がる「ＫＩＮＣＨＯ」の文字をご覧になると、

「夏だな」

「そろそろ蚊取り線香を準備しなければ」

と思っていただけるのではないでしょうか。手前味噌かもしれませんが、これまでの金鳥のＣＭ制作を担当してきた私たち宣伝部も、「金鳥の夏」は、「日本の夏」になったと思っています。

「金鳥の渦巻」が、「日本の夏」になったということは、当社の製品が日常に浸透したからとも捉えることができるでしょう。宣伝部としては、とても嬉しいことです。当たり前のことかもしれませんが、ＣＭは製品を浸透させるために打つものだからです。


そもそも、金鳥の製品は、使っていただいてなんぼ。日常的に使うものです。ハレの日のものでもなく、使わなくても愛でているだ

けでいいと思えるような高級なものでもない、各家庭の日常の風景の中にそっと入り込んで、意識することもないくらいとけ込んでいなければ意味がありません。

蚊が出てきたら条件反射的に手にとってしまう「金鳥の渦巻」や、ハエや蚊にシューッとひとふき「キンチョール」など、すべての製品が、日常に浸透していること。実際に利用されて初めて、存在価値が生まれます。

さて、当社の一三〇年に及ぶ歴史の中で、最初に誕生したCMは「金鳥の渦巻」のCMですが、それ以外にも、「亭主元気で留守がいい」という流行語まで生み出した「タンスにゴン」のような〝おもしろCM〟もまた、金鳥という企業の性格を非常によく表しており、どうやったら、あんなCMが生まれるのかと、よく聞かれます。CMをテーマに宣伝部がインタビューを受けることもしばしばです。

金鳥宣伝部の面々は、さぞかし毎日を楽しく面白く、CMづくりに取り組んでいるのではないかと思われるかもしれませんが、現実の私たちは、楽しく面白い日々ばかりを過ごしているわけではありません。そこはごく一般的な企業にお勤めの皆さんと、大して変わりがないと思います。「金鳥のCMは特徴があって面白い」と言っていただけるのは非常にありがたいことですが、決して面白いことを目指してきたわけではありません。やはりどこまでいっても、製品の特長を知っていただきたい、こんな効果があるのだということを理解していただきたい、そんなことを考えながらCMを制作しています。

しかし、「金鳥の夏、日本の夏。」というナレーションを聞くと、なぜか夏祭りや、浴衣にうちわ、風鈴といった日本の夏の原風景を連想してしまう理由は、私たち金鳥のCMづくりの歴史の中にあります。企業としてCMづくりに真面目に向き合った結果、もたらされた産物と言えます。しかし、決して金鳥だけの力で、また宣伝部だけで生み出したものではありません。

金鳥は創業して一三〇年以上経ちました。今改めて、金鳥という企業とCMの歴史を振り返ってみたいと思います。

二〇一六年　夏

金鳥宣伝部

第二章

金鳥の夏を日本の夏にした人々
それは天才たちの饗宴か、競演か

第三章

日本の夏を侵食する金鳥の夏

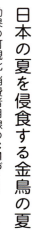

序章　広告においても先駆者たれ

創業者・上山《うえやま》英一郎の想い 鶏口と為《な》るも牛後と為るなかれ

大日本除虫菊株式会社という名前を聞くだけで、当社のことを思い浮かべてくださる方はどの程度いらっしゃるでしょうか。

何の会社ですかとピンとこない方に「金鳥です」とお伝えすれば、「あ〜、蚊取り線香ね」と、わかっていただけるのではないかと思います。我が社の社名のなじみの薄さを、私たち宣伝部としては嘆くべきかもしれません。当社の社名は大日本除虫菊株式会社ですが、「金鳥」と親しみを込めて呼んでいただくことのほうが圧倒的に多いです。当社のニックネームともいえる「金鳥」という名称は、蚊取り線香という家庭用殺虫剤業界でトップシェアを誇る、世界初の渦巻型蚊取り線香の商品名「金鳥の渦巻」から来ています。

もしも当社の蚊取り線香をお使いなら、商品を手に取ってみてください。「金鳥の渦巻」という商品名に負けないくらいデカデカと、鶏のマークが入っています。金鳥の商標としてどの商品にも記されている赤い鶏冠《とさか》の鶏のマーク。肉髯《にくぜん》と呼ばれる、あごの部分にぶら下がった装飾器官の下に創業者である「上山《うえやま》」の名前が入っています。

創業者・上山英一郎は、和歌山県有田郡山田原村（現・有田市山田原）のミカン農家に生まれました。「有田みかん」の産地として有名な有田市は、収穫時の一〇月頃になると、紀伊水道を見下ろすミカン山がオレンジ色に染まる、のどかな街です。創業の地には、今も当社の紀州工場があります。

慶應義塾で学んだ英一郎は、帰郷後の一八八五（明治一八）年に、上山商店を設立します。当時の日本は生糸の輸出国として知られていて、明治政府も輸出を奨励していたこともあり、生糸を輸出していた欧米に、ミカンを売り込もうと考えたのです。英一郎は、

英一郎の肖像

一八六二（文久二）年生まれ、和歌山県有田郡山田原村（現・有田市山田原）出身。慶應義塾で学び、上山商店（現大日本除虫菊株式会社）を設立。一九四三（昭和一八）年没。一八八六（明治一九）年に福澤諭吉より紹介を受けた米国植物会社社長のH・E・アモア氏より除虫菊を譲り受け、栽培研究を行なう。一八九〇（明治二三）年に世界初の棒状蚊取り線香「金鳥香」を発明、一九〇二（明治三五）年には渦巻型蚊取り線香「金鳥の渦巻」を販売する。

慶応義塾の創立者である福澤諭吉にもかわいがられたようで、そこでさまざまな話を聞いたのでしょう。海外やビジネスにとても興味をもち、自分も何かを成し得たいという気持ちがとても強い人であったと聞いています。

そんなある日、英一郎は福澤諭吉から、アメリカの植物輸入会社社長のH・E・アモア氏を紹介されます。アモア氏は日本のミカンの苗を持ち帰ろうと来日していました。恩師の紹介ならばと、英一郎はアモア氏をミカン農園に招待し、ミカンの苗を渡します。帰国したアモア氏から、そのお礼として除虫菊の種が届きました。

「アメリカでは、この植物を栽培して巨万の富を得た人が多い」

除虫菊の種が入った袋にはそう書かれていたそうです。

除虫菊はマーガレットに似た小さな白い花です。もともとはユーゴスラビア原産で、花の部分にピレトリンという殺虫成分が含まれています。海外では、花を収穫し、乾燥させて粉末にし、ノミ取り粉として使われていました。

丈夫な花で、痩せた土地でもぐんぐん育つ。これを副業にすれば、貧しい農家を救うことができるのではないか。そして、すでに除虫菊が活用されている海外への輸出品として育てれば、日本は自立できると考えた英一郎は、和歌山県下だけでなく、全国各地の農家を回り、除虫菊の栽培を依頼する決心をします。

日本で普及させるだけではなく、海外に輸出したいと考えたのは、恩師である福澤諭吉の影響を多分に受けたからかもしれませんが、何事にもどん欲な英一郎の性格がよく出ているエピソードだと思います。日本を貿易立国にしたいという壮大な夢を抱き、日本ではまったく普及していなかった除虫菊の生産に取り組もうというのですから、そのバイタリティは相当なものだったはずです。

日本には昔から植物をくべて蚊を追い払う「蚊遣《や》り」という習慣があります。

よもぎの葉や杉や松の青葉などを火にくべて、燻《いぶ》した煙で蚊を

浮世絵に描かれる「蚊遣り」の様子

江戸時代の蚊遣りはよもぎの葉や杉や松の青葉を火にくべることで、除虫菊のような殺虫効果はなかったが、羽のある虫の嫌がる煙を出して追い払っていた。当時の蚊遣りは蚊帳とともに江戸庶民の夏の風物詩であり、俳句や浮世絵で数多く描かれている。

追い払う蚊遣りは、歌川国貞の描いた浮世絵「江戸自慢　四万六千日」などにも描かれています。蚊遣火の煙がもうもうと出ている風景を見ると、昔から私たち人間は蚊の被害に悩まされていたのだということがわかります。歌川国芳の「譬論草《たとえぐさ》をしへ早引」に描かれている蚊遣器は、私たちも見慣れた豚の形をしています。この頃から豚の形だったのかと大変興味深いのですが、英一郎はこの蚊遣りに除虫菊の粉末を使えないかと考えました。実際に、火をくべると蚊がポタポタと落ちていく。まさに、研ナオコの「ハエ蚊仲良くトンデレラ、ハエ蚊仲良くシンデレラ」状態（若い方はご存知ないでしょう。一九七七（昭和五二）年に放送されたキンチョールのCMです）。しかし、粉末のままでは使いにくいということで、その後、棒状の蚊取り線香「金鳥香」の考案に至るのです。

ここで「金鳥」という商標のいわれについてご紹介しておきます。

歌川国芳「譬論草をしへ早引」

歌川国芳が描いた「譬論草をしへ早引」の作品群の一つ。もうもうと煙を立ち上げる蚊遣器の形状は、現代と同じく豚の形をしている。

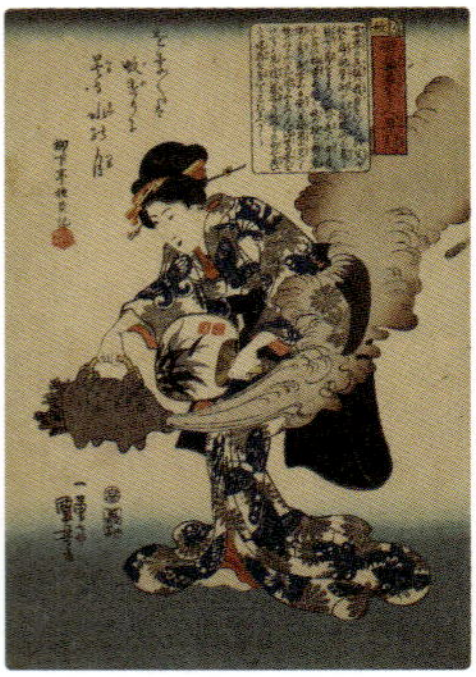

画像提供：一般財団法人　日本浮世絵博物館

中国の歴史家・司馬遷によって編纂《さん》された歴史書の『史記』。その中に登場する中国戦国時代の遊説家・蘇秦は、韓、魏、趙《ちょう》、燕《えん》、楚《そ》、斉の王たちと同盟を結び、秦に対抗すべきだと説きます。

「それぞれ小国であっても君主としての権威を保つべきだ。秦（大国）に屈服するな」ということを伝えるために記されていた一節が、「鶏口と為るも牛後と為るなかれ」です。つまり、秦に屈して牛の尻尾のように生きるよりも、小とはいえ、鶏の頭《かしら》になるべきであると各国の王を説き、同盟を成功させました。

この一節を信条としていた英一郎は、一九一〇（明治四三）年、鶏をデザインした「金鳥」の商標を登録。殺虫剤や防虫剤といった、生活に密着した衛生用品において先駆者として「鶏口」になるべき自覚と気概をもち、品質をはじめ、あらゆる面で他より優れたトップたらんことを商標に誓ったのです。

金鳥マークの変遷

一九一〇（明治四三）年、鶏をデザインの「金鳥」の商標を登録。上山英一郎が信条とした「鶏口と為るも牛後と為るなかれ」の一節から、業界の先駆者としての誓いが込められている。初代マークから描き直しが繰り返され、現在のマークに至る。

◀一九一〇（明治四三）年

◀一九一四（大正三）年

◀一九二三（大正一二）年

◀現在

明治期にすでに広告を積極利用

一八九〇（明治二三）年、試行錯誤の末に世界初の棒状蚊取り線香「金鳥香」が誕生しました。発売当初はまさに仏壇線香のような棒状で、渦巻き型の蚊取り線香「金鳥の渦巻」が発売されるのは一九〇二（明治三五）年ですから、棒状から渦巻きになるまでには実に一〇年以上かかっています。

一本約二〇cmの「金鳥香」は、約四〇分で燃え尽きてしまいます。また、細いので蚊を退治するためには、一度に二、三本焚かないと効果が得られませんでした。もっと棒を太くすればいいのか、はたまた違う方法はないものかと悩む英一郎に、渦巻き型にしてはどうかと提案したのは、妻のゆきだったといいます。

渦巻き型にして一本を長くすれば、それだけ長時間焚き続けることができます。早速試作を繰り返す英一郎でしたが、なかなか思うようにいきません。当初は和菓子作りに使う打ち抜きの木型を真似《まね》

渦巻き型蚊取り線香の試作木型

一八九〇（明治二三）年当時の棒状の蚊取り線香は燃焼時間が四〇分と短く、また、細かったため一度に何本か焚かないと効果が得られなかった。そこで、長時間使うための方法として、渦巻き型の蚊取り線香が考案され、その形にする方法として、木型が試作された。

て、渦巻き型の木型を作り、そこに原料を詰めて型抜きする方法をとりましたが、線香を木型から外すのに手間がかかり、とてもじゃないけれど効率が悪い。最終的に行きついたのは、太い棒状の線香を一定の長さで切り、それを手作業で木の芯を中心にして二本ずつ同時に渦巻きの形に巻いていくという方法でした。

一つクリアすれば、また一つの課題が見えてきます。

手作業で線香を形成した後に、乾燥させる工程に移りますが、板の上で乾かすと線香がくっついて、ボロボロに壊れてしまうのです。そこでまた、ゆきが頭を捻《ひね》り、金網の上で乾かすことを提案する。するときれいに乾燥させることができました。ここに至るまで、紆《う》余曲折がありました。ここでは詳しく記しませんが、こうした試行錯誤を一〇年以上も繰り返し、金鳥のロングセラーは誕生したのです。

話がそれましたが、日本で初の除虫菊の栽培に取り組んだ英一郎

蚊取り線香の手巻き作業の様子

蚊取り線香の原料を一定の長さで機械でうどん状に押し出し、工員がその原料を渦巻きの形に巻いていく様子。機械化された一九五七(昭和三二)年まで行なわれ、金網の上での乾燥は現在も行なわれている。

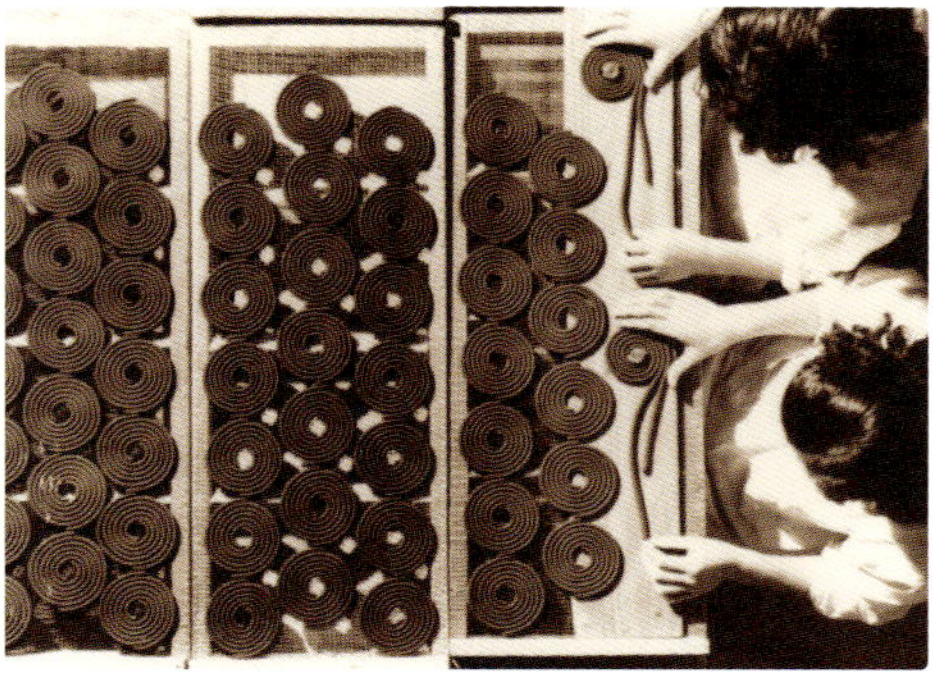

は、当時としてはかなりチャレンジ精神の旺盛な人でした。

除虫菊の栽培を全国区にしたいという夢を抱き、全国行脚して栽培を奨励しました。しかしその方法に限界を感じ、印刷物による普及を考えます。「除虫菊栽培書」を発刊し、全国関係者に無料配布しました。

さらに、一八九二（明治二五）年、棒状の「金鳥香」が完成して二年が経った頃、英一郎の活動に注目した大阪朝日新聞が、「除虫菊は農村の副業として極めて有利な農作物である。上山英一郎は、全国各地を遍歴して栽培・普及に努めている。これは全く国家的利益という見地から奨励しているのである……」という趣旨の記事を掲載します。すると、英一郎に興味を持った他紙もこぞって取り上げ、「除虫菊」、「上山英一郎」の名はたちまち全国に知られることとなります。

マスコミの影響力を知った英一郎は、一八九四（明治二七）年三月、朝日や毎日といった新聞に「除虫菊種苗分与ス」と広告を

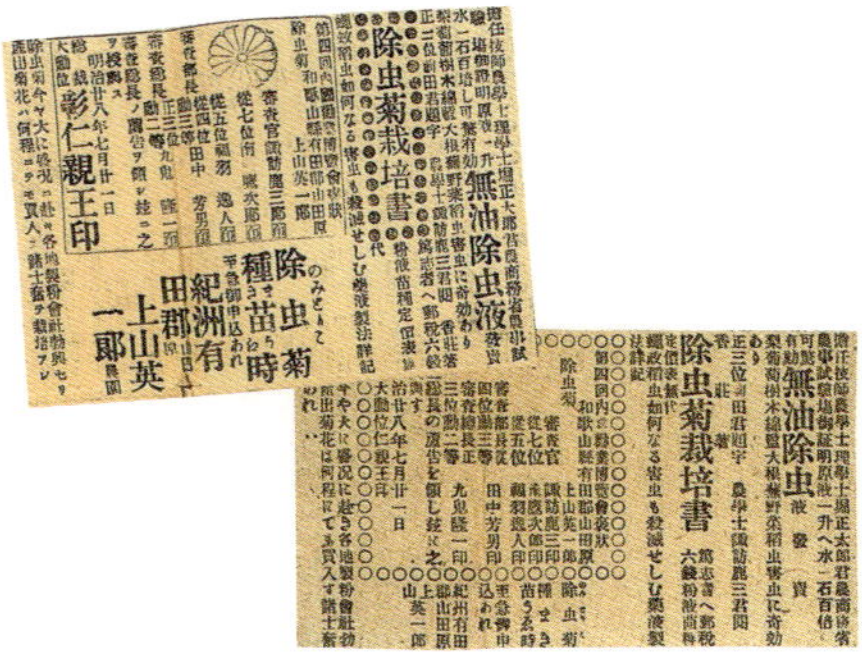

創業時代の新聞広告
日本人になじみのなかった除虫菊の全国的な栽培普及のため、新聞広告を利用する。

出します。つまり英一郎が最初に手掛けた広告は、「金鳥香」の商品広告ではなく、「除虫菊の種を譲るので各地で栽培してほしい。そして育った除虫菊を買い取ります」といった内容のものでした。当時だから許されたことですが、菊花紋章まで入れての売り込みぶりです。

明治時代、当然ですがインターネットもありませんから、新聞広告のもつ力が相当なものだったというのは言うまでもないでしょう。この時点で、除虫菊の殺虫効果は確認されてはいましたが、なぜ効果があるのかは解明できていませんでした。どの業態でもエビデンスが重要視される現代では考えられませんが、英一郎はひるむことなく、自分の夢に向かって邁《まい》進し続けます。

英一郎の地元では、英一郎と事業を興そうと目論《もくろ》んでいた人たちが、「地元の独占事業にしたい」と考えていたのに対して、英一郎は「種苗も資本も公開して、全国的に栽培普及を図るべきだ」と譲らず、結局仲たがいをしてしまいます。除虫菊で日本の衛生面の向上を図りたいという壮大な計画をもっていた英一郎にとっては、除虫菊の栽培を全国展開することが大事で、それには広告を使うのが早いと考えたのでしょう。

金鳥という企業に対して「広告に特徴がある」、「CMが印象深い」と感じてくださる方が多いと思いますが、金鳥の広告の歴史は、明治時代にすでに始まっていたのです。

まるで美術品
美しい石版彫りのカラーポスター

大正時代から昭和初期にかけては、石版彫りの美しいポスターで、今でいう店頭ポップを作りました。一九三〇年代（昭和五～一四年）には、海外向けのポスターもたくさん作成しました。

「“COCKSEC” Mosquito Killer（蚊を殺す“COCKSEC”※）」

（※金鳥ブランドの海外名）

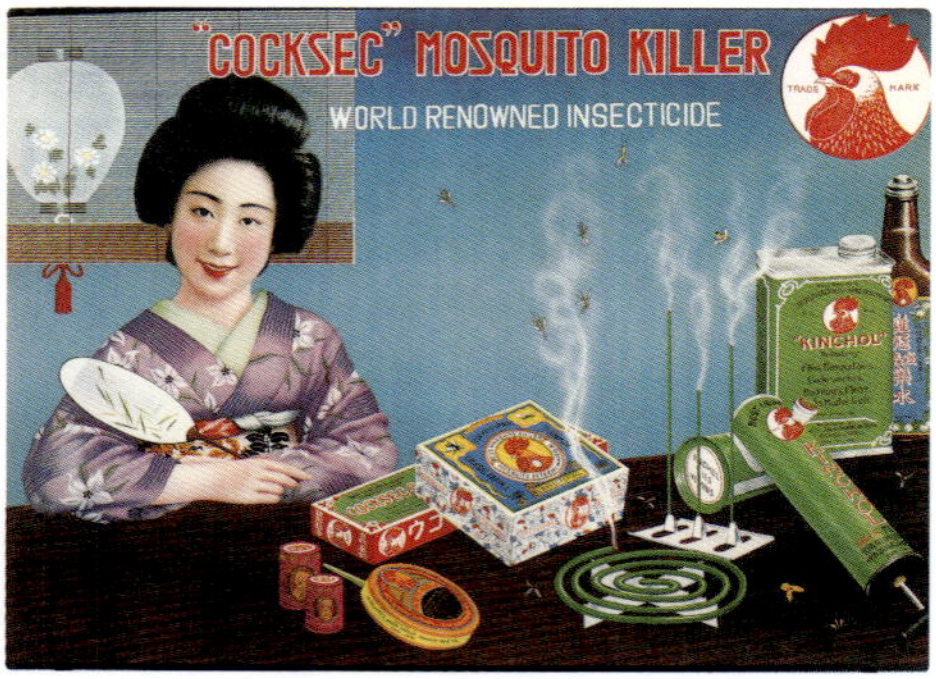

戦前の海外向けポスター

英語やロシア語、中国語、ポルトガル語、インドネシア語など、創業当時から活発な海外進出を行なっていたことが見て取れる。また、英語のポスターでは、大和絵と近代広告の融合が美しく、今見ても色褪せない。

「OBAT NJAMOEK TJAP AJAM（ニワトリ印の蚊取り線香）」

英一郎が、創業当時から海外を視野に入れていたこともあり、英語やインドネシア語、それからポルトガル語など、さまざまな言語のポスターを作成して、金鳥はかなり早い段階から海外進出をしています。

昨今のように、日本市場の飽和に伴いブルーオーシャンを求めて海外進出という意識ではなく、日本よりもはるかに衛生環境が悪く、マラリアやデング熱で多くの死者が出ていた東南アジアなどに向けたアプローチを戦前から行なっていたのです。

ノースリーブのワンピースを着た女性が「金鳥の渦巻」を焚いた部屋で優雅にくつろいでいるオリエンタルな雰囲気が漂うものや、日本髪を結った着物姿の女性がにっこりとほほ笑んでいる日本を感じさせるものなどは今見ても美しく、洒落《しゃれ》ているなと感じさせるポスターばかりです。この貴重な資料は、金鳥の本社に飾ってあります。

ポルトガル語のカラーポスター

モダンガールを描いたポルトガル語版のカラーポスター。

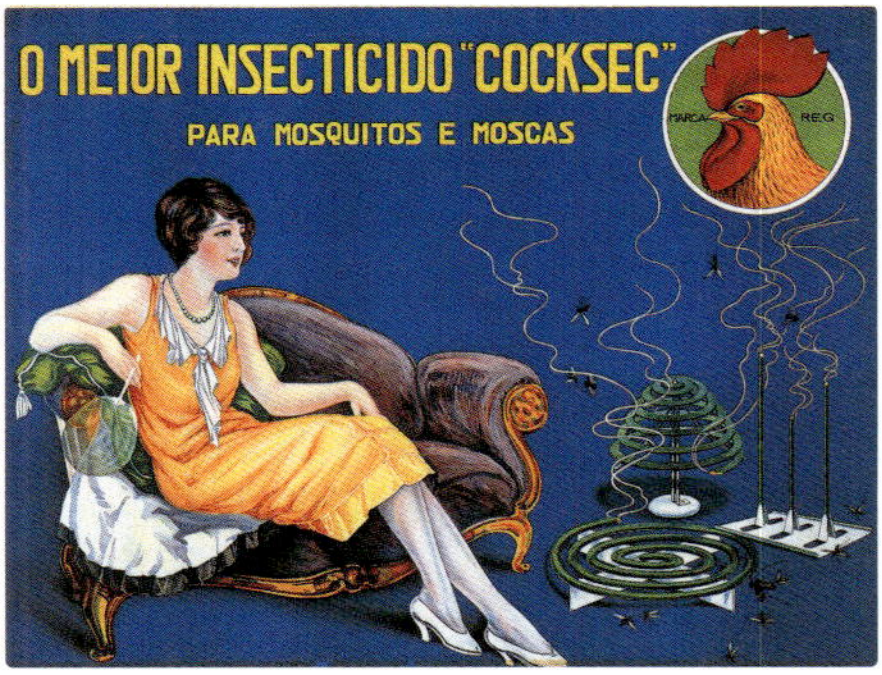

戦後話題となった懸賞付き宣伝チラシ

一九五一（昭和二六）年九月一日に民間ラジオ放送がスタート。これに併せて、金鳥では翌年にCMソングを作成しています。

小西六写真工業（現・コニカミノルタ）の「僕はアマチュアカメラマン」というCMソングが一九五一（昭和二六）年九月七日に流されますが、これがラジオCMソングの第一号だと言われています。この「僕はアマチュアカメラマン」は、三木鶏郎《とりろう》さんの作品です。三木さんの名前を聞いてもピンとこないかもしれませんが、例えば、松下電器産業（現・パナソニック）の「明るいナショナル♪」や、麒麟麦酒（現・キリンビバレッジ）の商品であるキリンレモンの、「キリン、レモン、キリン、レモン〜♪」などの作品が有名です。

キン　キン　金鳥　家《うち》にありゃ

多岐にわたる広告展開

パッケージを被りながら本社前に集まった街頭宣伝部隊。

虫が逃げ出す　コラサッサ

今の金鳥のCMにも見られるような、リズム感があって覚えやすい言葉が並びます。一九五〇年代（昭和二五～三四年）はCMソング全盛期といわれていますが、広告に力を入れてきた金鳥らしく、かなり早い段階から、ラジオCMにも取り組んできました。


広告展開は多岐にわたります。

トラックに看板を取り付けて街頭を走らせたり、卸店向きに懸賞付きチラシを配るなども行ないました。

その当時のチラシを見てみると、なんとも豪華な景品が並んでいます。

「キンチョール　一本で優秀カメラが当たる！」

「御期待下さい‼　特別優待規定」

などと謳《うた》い、「金鳥の渦巻」や「キンチョール」を購入してご応

多様な懸賞付き宣伝チラシ

「豪華景品」を懸賞にして話題になった宣伝チラシの数々。商品説明に徹したストレートな表現は当時から健在で、懸賞品も庶民にとって高級品であったカメラやオートバイなど、話題性のあるキャンペーンを展開する。

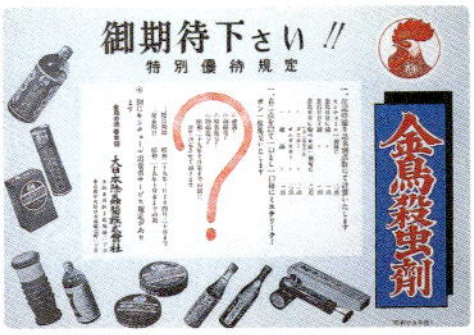

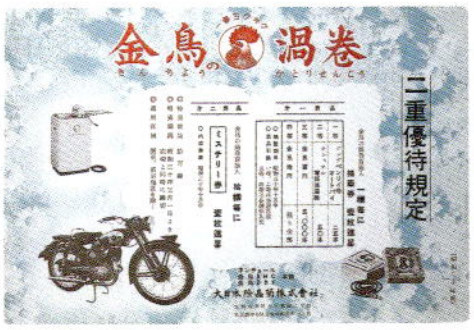

募いただくと、当時の高級品であったオートバイやカメラ、電化製品などが当たるというキャンペーンを展開。なかには、第一景品が豪華賞品で、第二景品は応募いただいた方に対してミステリー券（?）をプレゼントする二重の優待規定を設定したものなど、あの手この手でキャンペーンを展開しています。

話題作りということで広告を最大限活用するのは、金鳥のお家芸なのかもしれませんが、「鶏口と為るも牛後と為るなかれ」の精神で牛後となることを良しとせず、常に独創性を貫き、「金鳥の渦巻」のように業界初の商品を発表することの多い金鳥にとって、消費者の皆さんがまだ見たこともない商品を買っていただくには、まず知ってもらうことが最優先だったという背景がありました。誰でも初めての商品を手にするのは、少し勇気がいります。性能をちゃんと理解していただいて、これなら買おうと思っていただくためには、自らしっかりと宣伝する必要があったのです。

類似品で後発の立場にあれば、このような苦労は必要なかったのかもしれませんが、新商品が出たら、広告を活用して知っていただくという流れは、金鳥にとって非常に重要であり、また設立当時から続いてきた伝統なのです。

それからもう一つ。金鳥の広告戦略ということで挙げたいのが、ホーロー看板です。ホーロー看板も、戦後の広告展開の代表格です。第二次世界大戦の終了後、「もはや戦後ではない」といわれたのは一九五六（昭和三一）年ですが、昭和三〇年代は、日本が高度経済成長期に突入し、大量にモノが作られ、そして売られ、生活スタイルが変わっていったときでした。

さて、このホーロー看板ですが、今も田舎のほうで見かけることがあります。空き家になったような木造平屋の壁面に、経年でさびてしまってはいますが、「金鳥香」、「キンチョール」と描かれたひし形のホーロー看板を確認することができます。

ホーロー看板は、この時代の流れに乗り、全国各地に展開しました。「金鳥かとりせんこう」と「キンチョール」の二枚がセットになっています。国内では多い年には八〇〇〇組ほど貼ったというので、一時期は相当な数のホーロー看板が貼られていたことになります。

このひし形には理由があり、雨風にさらされることになるホーロー看板がなるべく長持ちするように、水切りをよくするために工夫されたとも。他にも、美空ひばりさんの顔がプリントされた長方形タイプなども作成しました。

金鳥の名をさらに広めたテレビCM始まる

一九五三（昭和二八）年、民放テレビの放送がスタートします。それに伴い、金鳥はいよいよテレビCMの制作を始めることになります。

最初のCMを流したのは一九五五（昭和三〇）年。上山久史専務取締役がまだ三歳だった頃に出演しているという伝説のＣＭ「SINGING CM 金鳥篇」を一九五九（昭和三四）年に制作した辺りから、俳優の谷幹一さんや三代目古今亭志ん朝師匠に出演いただくなど、著名人を起用したＣＭを制作し始めます。まだ、おなじみの「金鳥の夏、日本の夏。」シリーズは誕生しておらず、モノクロのアニメーションを使ったＣＭから始まりました。

ちなみに上山久史専務が出演したＣＭは、まだ子どもだった上山専務が寝ているその枕元に、「金鳥の渦巻」をそっと置くという内容で、「金鳥の渦巻」が機械で製造されるようになったのを機に、もっと広く宣伝しようということで制作されました。

「美空ひばりの先輩やと思うてるんです。よく覚えています！　しかも立派な子役やったなって」

上山専務は、当時宣伝に携わっていた父に連れられるまま、図らずもＣＭ出演となりましたが、社員が登場するというのは金鳥のＣＭの特徴でもあります。後でご紹介しましょう。

現在の宣伝部には五名の社員が所属していますが、テレビCMの制作を始めた頃の宣伝部はたったの二名。四代目取締役社長兼宣伝部部長の上山英介と、二〇一五（平成二七）年に定年退職した山崎広直という社員だけでした。

上山英介は、一九六〇（昭和三五）年に当社に入社。その二年後に、勘太郎を襲名し当社三代目社長に就任した父・上山英夫からの「宣伝をやれ」のひと言で、宣伝部を立ち上げることになります。

三代目勘太郎社長となった英夫は、思想は別として、ヒットラーの宣伝のうまさに驚嘆していたそうです。とても簡単な言葉を繰り返し使うという手法は、商品名や特徴をわかりやすく伝えるという役割を担うCMには不可欠な要素だと考え、上山英介宣伝部長に何度も言っていたといいます。

その上山宣伝部長は、テレビを宣伝媒体として使いたいと思っていたようです。

ルーチョンキが、金鳥のユニークCMの源流

花火がバチバチバチと鳴り響き、「金鳥の夏、日本の夏。」とナレーションの入る「金鳥の渦巻」シリーズが誕生する二年前、金鳥のCMが「面白い」、「変わっている」というインパクトを持たれるきっかけになったのは、桜井センリさんを起用したキンチョールのCM「ルーチョンキ篇」一九六六（昭和四一）年でしょう。

桜井センリさんは、当時爆発的な人気を誇ったクレイジーキャッツのメンバーの一人。父の赴任地であるロンドンに生まれ、三歳までロンドンに暮らしたという、当時はまだまだ珍しかった帰国子女でした。早稲田大学在学中からジャズピアニストとして活動もしていて、どことなくインテリジェンスな顔立ちをしています。その彼が、サラリーマンからおばあちゃん、医者、そして最後はなぜか髪の毛ぼさぼさのカツラ姿で「ルーチョンキ！　あらっ、アタシって駄目ね〜。キンチョール」とセリフを言うのです。

キンチョール「ルーチョンキ篇」

一九六六（昭和四一）年に放映されたキンチョールのCM。一九六〇年代に一世を風靡した人気コミックバンド、クレイジーキャッツのメンバーの一人である桜井センリを起用したCMは、キンチョールを逆さまに持って「ルーチョンキ！　あらっ、私ってダメね。キンチョール」とセリフを言う内容で、その馬鹿げたギャグは非常にウケて、「ルーチョンキ」は当時の流行語となった。また、このCMで売上が前年比七倍となり、金鳥のユニークなCMの源流となった。

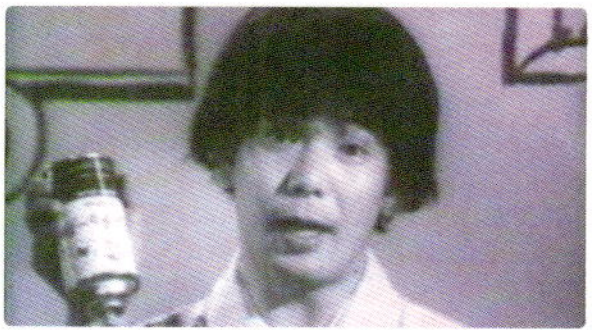

「ルーチョンキ」は、「キンチョール」を逆さにしただけなのですが、これが非常にウケました。流行語になったといっても過言ではありません。このCMによってキンチョールの売上が前年比で約七倍にもなり、改めてCMの威力を感じさせる、金鳥にとっては金字塔的なCMになりました。

ちなみに「ルーチョンキ」というのは、桜井センリさんが撮影の現場でキンチョールを逆さに持って、「これじゃルーチョンキだな」と言ったのを、そのまま採用しています。商品名を伝えることが目的のCMにおいて、自社の商品を逆さに持ち、商品名を逆さに読むなんて考えられないことですし、今でも大抵の会社には通用しないでしょう。それが通ってしまうような勢いや、インパクトを求める姿勢が当時の金鳥宣伝部にはありました。

このときのことを、上山宣伝部長は、金鳥のCMをテーマにした書籍『右脳思考の左巻き宣伝部』の中でこう振り返っています。

「（上略）いつの時代でも、コロンブスの卵じゃないが、大発明、大発見は身近なところにありますねぇ。

商品について関心をもつ。物事について関心をもつということが大切なんです。そこから、いい企画、いいアイデアが生まれてくるんじゃないですか。私が宣伝部長をしていなければ、〝ルーチョンキ〟というのは陽の目を見なかっただろうと思いますよ。それまで、私は〝商品はまっすぐ持たなければいけない〟。地面から垂直に九〇度に持てと教えられ、ちょっとでもまがってもっていれば叱られていましたね。ちょっと横をむけると叱られ、傾けるとなぐられる、といった教え方をされてきた。ひっくり返して、さかさまに持つなんてとんでもない話ですよね。（後略）」（宣伝会議教育本部、一九八五、『右脳思考の左巻き宣伝部』、P一四八－一四九）

金鳥のCMには、「金鳥の夏、日本の夏。」というコピーを使い続ける伝統感の強い「金鳥の渦巻」シリーズと、「タンスにゴン」や

「キンチョール」などに代表されるユニークなCMとに二分されますが、このユニークなCMシリーズの源流にあるのは、やはり「ルーチョンキ」なのです。

「ルーチョンキ篇」の放送の翌年には美空ひばりさんを起用。一九六八（昭和四三）年から「金鳥の夏、日本の夏。」シリーズがスタートします。夏祭りに浴衣姿。そして花火が描く「金鳥の夏、日本の夏。」の文字を見ることで、〝日本の夏〟をイメージしていただける作品にまで成長したことは、非常にありがたいことだと思います。私たち金鳥だけでなく、CM制作に関わるクリエーターや、イメージタレント、そしてCMを見て、「そろそろ蚊が出てくる頃だから、蚊取り線香を準備しなくちゃ」と思っていただいた消費者の皆さんがあってこそ、〝金鳥の夏〟は、〝日本の夏〟になったのではないかと感じています。

本書では、金鳥の夏が日本の夏になるまでをCMとともに追いながら、金鳥の歴史を振り返ってみたいと思います。

第一章　金鳥の夏はこうして生まれた

新たなる広告への模索

冷蔵庫やビールに打ち勝つ、夏の新しい顔

金鳥は大阪に本社を構えていますが、金鳥がCMづくりに取り組み始めた頃、同じように広告づくりに熱心な企業が関西には多くありました。関西ローカルなので、関東の人はご存知ないとは思いますが、例えば、調査員のとぼけた会話が面白い関西電気保安協会や、「明るいナショナル」というCMソングが印象的だった松下電器産業（現パナソニック）、それから現在は関東でも流れている「勉強しまっせ」のサカイ引越センターや、「電話してちょーだい」のタケモトピアノなど、面白いCM、CM史に残る伝説的なCMを打ち出す企業が多かったのです。

それでも金鳥のＣＭが注目される作品を生み出せたのは、序章でも述べましたが、宣伝部が、取締役社長兼宣伝部部長の上山英介と、山崎広直というたった二人の社員で構成されていたということが大きかったと思います。

これは後の章でご紹介する、金鳥のＣＭづくりに携わるクリエーターたちの話にも何度も出てくるのですが、二人しかいないので話がまとまるのが早いのです。普通の企業なら、広告代理店からプレゼンを受ける。その内容を係長から課長へ、そして部長へと何回も印鑑を押されながら企画書が回り、やっと承認のサインをもらって、いざ制作となるのですが、企画書が回っていく中でいろいろな人の意見が入ってきます。その結果、最初のアイデアは斬新だったかもしれないけれど、可もなく不可もないといったようなインパクトの弱いＣＭに落ち着いてしまうのです。それはＣＭづくりだけでなく、企業内で何か決断を下さなければならない事柄があったときに見られる典型的なパターンでしょう。

しかし金鳥の宣伝部は、企画書が出されたときの第一印象で、つまり「良い」か「悪い」かだけで判断し、後はクリエーターたちに一任するという姿勢を貫いたので、クリエーターたちのアイデアをつまらないものにすることは少なかったようです。

そんな中で生まれたのが「金鳥の渦巻」シリーズです。

蚊取り線香は夏に使う商品なので、シーズン前の初夏辺りからCMを流し始めます。夏に最大商戦を迎える商品を挙げると、冷蔵庫や扇風機といった冷《りょう》を呼ぶ家電やビール。つまりどれも日本を代表する一流製品です。だからこそCMに誰を起用するかには、かなりこだわったようです。家電やビールに負けない、夏の商品であるということをアピールするためには、強烈なインパクトを与えなければ。そこで白羽の矢が立ったのが、すでに国民的歌手として芸歴二〇年、不動の人気を誇っていた美空ひばりさんだったのです。

それまで美空ひばりさんはＣＭに登場することはありませんでした。しかし、ＣＭに出たくないというわけではなく、ファンサービスとして、より多くのファンに見てもらえるＣＭを探している段階だったようです。そこに金鳥が話を持ち込んで、見事にＣＭ出演の交渉が成功しました。

「ドーンと花火を打ち上げてやったわけです。ひばりさんのユカタ姿で、まさに夜空に花火が打ち上げられる。〝ドーン、パチパチ、ドーン。日本の夏、金鳥の夏。ドーン、パチパチ、ドーン〟といった感じなんですね」（『右脳思考の左巻き宣伝部』Ｐ三〇）

「金鳥の夏、日本の夏。」はこうして生まれた

初代は美空ひばり

「金鳥の渦巻」を一度じっくり観察いただきたい。

一発で当社の商品だと見分けるコツがあるのです。それは、渦巻きが左巻きであるということ。一九〇二（明治三五）年にこの渦巻型が完成しました。当時は手で巻いて作っており、右利きの職人が多かったことから右巻きでした。

一九五七（昭和三二）年頃から機械で打ち抜くようになり、他社品は右巻きが多かったので差別化のために左巻きにしました。

そして、金鳥のCMの中でも長い歴史を持つ今に続く「金鳥の渦

巻」シリーズは、一九六七（昭和四二）年に誕生します。

川を進む一艘《そう》の屋形船。

うちわを手に佇《たたず》む美空ひばり。

「夏の夕暮れ紫煙

流れ一竿進み船」

美空ひばりの歌声が流れる中、屋形船はゆっくりと進みます。

最後に美空ひばりが蚊取り線香を手に、

「金鳥蚊取り線香、夏っていいですね」

とにっこり。

そして花火で「金鳥」という文字が浮かび上がり、「金鳥の夏、日本の夏。」とナレーション。

このCMは「屋形船篇」で、一九七一（昭和四六）年に放送されたものです。美空ひばりさんを起用した五作目のCMになります。

金鳥の渦巻「屋形船篇」

一九七一（昭和四六）年に放映された「金鳥の渦巻」シリーズの五作目。毎年流れる日本の夏の原風景をイメージしたCMは、日本の夏の風物詩となっている。

リアルタイム世代ではなくとも、一度はご覧になったことがあるのではないでしょうか。

五〇年にもわたって放送されている「金鳥の渦巻」のCMは、美空ひばりという大スターを起用したCMだけに、逸話がたくさん残っています。

一番驚かれるのは、「金鳥の夏、日本の夏。」のシリーズ五作目。先ほど紹介した「屋形船篇」でしょう。実はこれ、美空ひばりさんご本人で撮影していないのです。蚊取り線香を手に、セリフを言うところだけご本人。屋形船に揺られているシーンは、美空ひばりさんのそっくりさんで知られる大原真美さんで撮影しています。本人じゃないなんて、誰も気付いていないでしょう。

美空ひばりそっくりショー第一人者として知られる大原真美さんは、ご本人から「似過ぎてて気持ち悪いわ」と言われたほどで、以前あった「美空ひばりそっくりショー」というテレビ番組に出演し、活躍していました。そこでCMの吹き替え役として、美空ひばりさんのお母様から依頼されたそうです。美空ひばりさんの亡き後も、声の吹き替えで美空ひばりさんの代役を務めたりと、美空ひばりさん側から唯一公認されたそっくりさんと言ってもいい人物でした。

さすがにトップスターを真冬に川下りさせるわけにはいかないという苦肉の策だったわけですが、「美空ひばりじゃないでしょ！」というご指摘は一切ありませんでした。

もう一つ、逸話をご紹介しましょう。「金鳥」と書かれた文字が花火で浮かび上がる映像は、最初に使用した映像をそのまま使い続けています。一九六九（昭和四四）年に「金鳥」の花火が登場し、何度も新しいものに差し替えようと話が出たのですが、その度にこの映像を超えるものに出合えず、ならばそのまま使い続けようという話に落ち着きました。一九九四（平成六）年に「金鳥」から「KINCHO」に変更しましたが、これもその時から撮り直しはしていないので、今、皆さんがご覧になっている花火の部分は、二〇年近く変わっていないということになります。

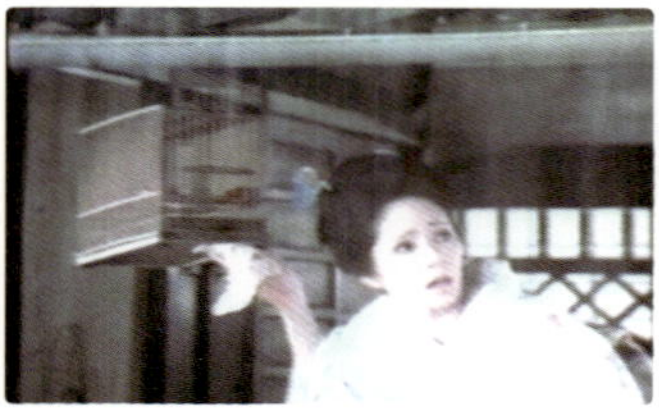

金鳥美女列伝

一九六七（昭和四二）年から放映されている「金鳥の渦巻」シリーズではこれまでに多くの美人歌手・女優が出演している。初代出演者の美空ひばりさんを筆頭に、小川真由美さん、坂口良子さん、小柳ルミ子さん、山咲千里さん、十朱幸代さん、石川さゆりさんなど。数多くの美女が出演したこのシリーズは単なる企業宣伝を超え、浴衣姿の美女を背景に花火が弾ける姿から、視聴者の方に蚊から身を守る大切さを広く知ってもらい、健康な日々を過ごしてもらいたいという、祈りが込められている。

KINCHO

作者は三人？名作コピーの作者は幻

金鳥を代表するCMの一つである「金鳥の渦巻」シリーズは、美空ひばりを起用した作品から、株式会社博報堂関西支社で制作されています。当時のことを知るクリエーターたちはほとんどご存命でなく、その頃の話を伺うチャンスもどんどん失われていくのは寂しいところです。

昔の制作現場を知る、唯一のクリエーターともいえる垂水佐敏《たるみさとし》さんは、博報堂関西支社のOBですが、現在もクリエーションの分野でご活躍です。金鳥の〝おもしろCM〟を制作している株式会社電通関西支社のOBである堀井さんたちとともに、CM界の一時代を築いたクリエーターの一人で、CM界のレジェンドでもあります。

「金鳥の渦巻」のシリーズの初代は美空ひばり。そこから小川真由美、坂口良子、小柳ルミ子、山咲千里と続き、垂水さんは一九九〇

垂水佐敏（たるみ さとし）

一九四六（昭和二一）年生まれ、大阪府出身。関西大学文学部卒業後、一九七〇（昭和四五）年にコピーライターとして株式会社博報堂に入社。京都造形芸術大学元教授。株式会社博報堂、韓国広告会社の元クリエーティブディレクター。アジア各地の博報堂海外拠点でクリエーティブワークショップを開催。大阪、京都、東京、ソウル、北京、デリー、香港、広州、バンコクを転々とする。日本広告学会会員、AOI-ASIAスーパーバイザー、北京博報堂創意顧問、関西大学非常勤講師を務める。

（平成一二）年の十朱幸代から石川さゆりを起用した二〇〇二（平成一四）年までのシリーズをすべて担当されています。

過去の資料に目を通すと、上山英介宣伝部長が、「金鳥の夏、日本の夏。」のコピーを提案されたときに、「日本の夏を金鳥が背負うなんて、ちょっと大げさ過ぎやしないかと思った」と語っているように、確かに一企業の商品が日本の夏を背負うなんていうのは、ちょっとおこがましいような気もします。ただ、それ以上のものが見つからずに、結局定着してしまったというのですが、では、このコピーは誰が誕生させたのでしょうか。

「僕が博報堂に入社したときには、もう『金鳥の渦巻』シリーズは始まっていて、美空ひばりのシリーズが始まったのが一九六七（昭和四二）年、僕は一九七〇（昭和四五）年入社やから、先輩たちがつくっているCMだった。それで僕が初めて担当したときに、『金鳥の夏、日本の夏。』ってコピーは誰が書いたんですかって聞いたことがあった。こんだけのコピーを書いた人なんやから、多分、土屋耕一とか梶祐輔とか、糸井重里とかさ、有名なコピーライターが書いたものだと思ったんだけど、そうではないらしい。おまけに、あれを書いたというコピーライターが僕の知っている限りで三人出てくるからね」

垂水氏の話によると、一人は電通の社員、もう一人は博報堂の社員、そしてもう一人は大阪のプロダクションの社員だという説が流れていたそうです。当時、垂水さんが仲良くしていた電通の社員に聞いても、わからないと言う。結局、誰がコピーを書いたのかは迷宮入りで、今もはっきりしないのです。

「僕はその三人、誰も違うと思います。でも、ずいぶん昔の話やし、当時の社員も残っていないんでね、確かめようがないわけです。僕が書いていたら、大々的に言いますよ。僕のコピーやって。でも違う。今、CMを見ていると金鳥さんのCMに影響受けたんやろなというようなコピーがありますよ。それくらい、すごいインパクトのあるコピーやのに作者がわからない。『金鳥の夏はいかにして生まれたか』って言われても、わからへんのや。これ、面白いんだけど、ようわからん。作者が幻なんて、おもろい話がいっぱいある金鳥さんらしくていいじゃない？」

目立つ工夫、覚える工夫

改めて垂水氏はこう振り返ります。

「金鳥さんの哲学みたいなものがあるんやね。僕もいろんなクライアントを担当してるけど、金鳥さん独自の哲学というのはすごく感じました。やっぱりお金を出して広告を作るから、目立つ工夫と覚える工夫がなかったら作りませんっていう意志は強かった。

ただもう、金鳥さんにはチャンスの場を与えてもらったね。もうほんまに与えてもらったね。ほんまに好きなようにやらしてくれたな。むしろこっちが聞きたいわ。何であんなにああいう企業風土が生まれるのかなと思って。金鳥の商品は夏に売り込むから、夏のCMを真冬に撮影しているわけですよ。それで、とにかく寒いからって、そんなんじゃ夏の日差しは撮影できんとか言って、タイで一回撮影したんですよ。石川さゆりのCMで。そこで僕が作詞した『夏娘』って歌を流して、向こうで海の家を組んでね。小道具で使うかき氷機なんか向こうで調達できないから、全部揃《そろ》えなあかんかった。面白かったのは、後でうちの営業担当者が上山宣伝部長に呼ばれて、垂水さん、タイでロケする言うてるけど大変やろうと。ちょっと追加で制作費出すわ言うて、三〇万円出してくれたんや。ほんで、営業担当者が『垂水さん、三〇万円追加してくれはりましたわ!』なんて言って。そりゃありがたいはありがたいけど、海外ロケで三〇万円の追加って、どうするんやと。金鳥さんは、そんなところがある。好きにやってねと全面任されているような感じなんやけど、上手に動かしている。やっぱり大阪の得意先って上手いなと思うよね」

あまり商人根性を出しているとは思わないのですが、確かに目立つ工夫、覚える工夫に関しては非常にシビアでしたし、今もシビアに取り組んでいるつもりです。

「僕は思うんやけどね。確かにCMって芸術の要素をいっぱい持っているけれど、芸術作品じゃないからね。商業作品やから。ビジネスやからね。こちらが企画を出す、それでクライアントがOKを出す。でもそのOKって、これで世の中動かすことができるぞとか、これで商品が売れるぞとか、これでうちの企業のイメージが上がるぞとかそんな物差しじゃないねん。これを上司がどう思うやろと部下が心配しているだけ。だから上司のOKを取りたいために動くよね。そういう企業がものすごい多い。でも金鳥さんは違うで。今、大阪に本社があったクライアントが、中央集権でどんどん東京に移ったりしている中で、金鳥さんは大阪に本社を置いてやっている。僕も東京の仕事させてもらったけど、やっぱり大阪にこだわってきた。関西にあって関東にないもの、それはサービス精神や。もうお客さんに喜んでもろてなんぼというのしかないから、盛り上がるもん。とにかく喜んでもらわんと気が済まんみたいなところあるな、大阪の人は。それで思い出したけど、皆さん関西弁、関西弁と言うやろ。でも関西弁なんてないんよ。あるのは大阪弁。同じ関西でも大阪と京都は全然違うでしょ。それを関西で括るなんて乱暴でしょ。だから同じ関西でも大阪はちょっと特別。大阪に本社を構える金鳥さんも、ちょっと特別なんやね」

継続したからこそ、日本の夏がある

いいマンネリをめざして

日本の夏と聞いて、皆さんは何を想像されるでしょうか。

花火に、スイカ、夏祭りに、屋形船。それからうちわに浴衣に夕涼み……。いろいろなモノやシーンを想像されると思いますが、美空ひばりさんが「私は金鳥です」と笑顔を振りまいていたCMが流れていた時代と今の時代では、あらゆることが変化しています。

ですから、現代と二〇年前、五〇年前の日本人がイメージする日本の夏は、少し違うかもしれません。

しかし、美空ひばりさんのCMがスタートして以来、「金鳥の渦巻」シリーズは、CMの内容は大きく変わっていません。

現在は俳優の藤原竜也さんにご登場いただいていますが、主役が男性ですし、屋形船には揺られていませんし、浴衣も着ていません。藤原竜也さんがどうして出演するに至ったのかは、第5章で詳しくご紹介したいと思いますが、CMの設定が現代そのものになってはいるものの、そこに共通するのは、やはり日本の夏の風景だと思います。

時代と共に、どんどん変化しているけれど、そこはかとなく共通するものを感じる。それが「金鳥の渦巻」シリーズでしょう。

CMを見ると、何となく夏の到来を感じる。そろそろ蚊取り線香を準備しておかなくちゃねと思える。これはCMがスタートして以来、五〇年もの間、同じ商品でCMを繰り返してきたから、CMの最後に花火を打ち上げてきたからではないかと感じます。

上山英介宣伝部長は、こう言っています。

「マンネリにもいいマンネリとわるいマンネリがありますが、金鳥はついていて、いいマンネリが多いし、それが当たる。マンネリを続けることも非常にクリエーティブだと思います。コマーシャルをつくる方は大変だと思いますがね。常にリフレッシュしながらのマンネリ化がいいんです」(『右脳思考の左巻き宣伝部』P三六)

そもそも蚊取り線香という商品自体が、一二〇年以上の長い歴史を持っています。それまで棒状だったものを渦巻き型にしたりと変化はありましたが、基本的なことは変わっていません。

長く愛用していただいている方にとって、変わらないことが安心感につながっていると思いますし、変わらないからこそ愛着も増します。つまり、「金鳥の渦巻」は、マンネリ化した商品ではありますが、より良い品質向上をめざして常に改良され、いい意味でのマンネリを続けています。

ですから、マンネリなCMというのは商品の特徴にも合っています。どんなに時代が流れても揺るがない、不動の商品であること、信頼していただける商品であるということを、CMでも表現しているのです。

お子さんにも覚えてもらえるようなコピー

垂水氏に伺っても、「金鳥の夏、日本の夏。」が誰のコピーなのかはわからないのですから、これから金鳥が一五〇年、二〇〇年と続いていくことができたとしても、今後、作者が判明することはないように思います。

今さらもう、誰がコピーの生みの親なのかを探るのは野暮です。これだけ定着するコピーになったことを幻のコピーライターに感謝して、これからも「金鳥の夏、日本の夏。」を使い続けることにしましょう。

振り返ってみると金鳥のCMには、印象に残る名作が多くあります。本書でもいくつかご紹介していくつもりですが、金鳥のCMと聞いて、自然に口に出てしまうコピーがあるのではないでしょうか。そしてそのコピーが何かを聞けば、その方の世代までわかってしまう。まさにCMとは、時代を反映するものだと感じます。

ＣＭで使用するコピーは、どなたにも簡単に覚えていただけること、わかりやすいこと、コンパクトでキャッチーであることが求められます。商品を購入するのは大人ですが、お子さんにも覚えていただけるようなコピーを持つ商品は、売上という点から見ても非常に強いものなのです。そして、二匹目のドジョウを狙うような同業者や、また、業態に関係なく、真似されやすい言葉が、覚えてもらいやすいコピーになるのではないかと考えています。

金鳥と日本と夏、この三つの要素がぴったりと合致して、強い印象を与えた「金鳥の渦巻」シリーズ。日本の夏を象徴するようなモチーフを映像に盛り込み、お子さんにでも簡単に覚えていただけるようなコピーを使って、約五〇年放送し続けている……。あたかも以前から日本の夏の代名詞のような存在であったと思われるかもしれませんが、日本の夏は一日にしてならず。今に至るまでには、いろいろな方たちの働きがあったのではないかと考えます。

第二章

金鳥の夏を日本の夏にした人々
それは天才たちの饗宴か、競演か

天才たちの饗宴

関西を代表する名物クリエーターたち

第1章で「金鳥の夏、日本の夏。」のCMを生み出した博報堂関西支社OBである垂水《たるみ》佐敏《さとし》さんにご登場いただきましたが、現在も金鳥のCMは、電通関西支社と博報堂、そして株式会社大広などの広告代理店と一緒に制作させてもらっています。なかでも金鳥のCM制作がスタートした一九五五（昭和三〇）年、「金鳥の渦巻」のテロップCMの制作をお願いしたのが電通で、かれこれ六〇年以上のお付き合いがあります。

新製品が完成する。

製品PRのために、CMを制作しようと考える。
私たち企業側が広告制作を依頼する。
クリエーターが広告を制作する。
CMがオンエアされる。

多くの企業ではこのようなステップで広告を誕生させていると思います。

私たち企業側とCMを制作するクリエーター側は、発注者と受注者。クライアントとサプライヤーという立場になります。一般的にサプライヤーはクライアントの言うことには絶対で、言われるままにCMをつくっているという印象があるかもしれません。実際に、クライアントには逆らえないということで、相当な苦労をされているサプライヤーもいらっしゃるでしょう。

しかしながら、金鳥の企業文化というのでしょうか。特にCMづくりの現場は、クリエーターとの信頼関係で成り立っているところがあり、面白いCMをつくる金鳥という企業イメージを逆手に取って、クリエーターたちに私たちが踊らされているようなところがあるように感じます。

上山英介宣伝部長が基礎を築いた金鳥宣伝部が、クリエーターたちとどのようにCMを制作してきたのかを少し振り返ってみたいと思います。

インパクトのあるCMの裏に堀井組

CMに興味をお持ちの方ならば、堀井組と聞くと「あの堀井組か」とピンとくるのではないでしょうか。

堀井組とは、電通関西支社の中の制作部隊の一つで、関西CMの一時代を築いたといっても過言ではない、名CMの数々を生み出した伝説のチームです。公共の電波には乗せられないような数々の武勇伝を持つチーフの堀井博次さん、残念ながらお亡くなりになった田井中邦彦さん、「タンスにゴン」というキャッチフレーズの生みの親である石井達矢さん。石井さんよりも少しだけ後輩の中治信博さんと山崎隆明さんは、現在、ワトソン・クリックという企画会社を東京に構えておられます。

そして堀井組のものづくりの精神を受け継いだ次世代。現在の金鳥のCMは、古川雅之さんと直川隆久さんが中心となって制作していただいています。

堀井さんと石井さんはすでに退職されていますが、堀井組の当時をよく知る中治さんと山崎さんに先輩たちとのエピソードを聞くと、本当にいろいろな話が出てきます。

「堀井さんはやっぱりすごいというか、すごく印象に残っているのは、クライアントさんと一緒に食事に行くことがありますよね。すると、どんな大きい会社のどんな偉い人と同席しても、堀井さんは態度が一緒なんですよ。何も変わらないけれど、すぐに仲良くなる

堀井博次（ほりい ひろつぐ）

一九三七（昭和一二）年生まれ、京都府出身。一九五五（昭和三〇）年に株式会社電通関西支社に入社後、当初は営業や技術を担当していたが、一九六〇年代にCMプランナーへ転向する。以後、金鳥のCMなど、三〇年以上にわたって数々のヒットCMを世に送り出す。低予算で素人を使い、完成度より伝達度を優先した広告手法を確立する。仕事仲間や後輩は「堀井組」と呼ばれ、関西CMの一時代をつくる。一九八七（昭和六二）年にカンヌ広告祭銀賞受賞など、多数の受賞経験あり。

んです。本人は特に気を遣いもしないんですが、それが不思議と垣根を払うことになって、みんな堀井さんを好きになる。たぶん人が好きなんだと思います。堀井さんが以前、何かのインタビューで、一般的なCMでは、企業のイメージアップのために美人とか、カッコいいとか、感じのいい人を使いたがるのに、堀井さんのCMにはそういう人が出てこないと指摘されて、すべての人間の中にある駄目な部分に対する限りない愛情が自分にはあると言っていましたね」（中治）

「俺も駄目やけど、お前も駄目やなっていう優しい目線です」（山崎）

　こうした慈しみの心が、シュールでありながら、なぜか笑いを誘う、憎めないキャラクターがたくさん登場するCMに結び付いているのでしょうか。

「田井中さんは、本当に人格者で素晴らしい人だったんですけど、とにかく失言が多いんですよ。確か近藤正臣さんにCMを依頼するときに、タヌキの格好をすることに対して近藤さんがものすごく

石井達矢（いしい　たつや）

一九五〇（昭和二五）年生まれ、兵庫県神戸市出身。武蔵野美術大学商業デザイン学科を卒業し、株式会社電通関西支社に入社、CMプランナーとして活躍する。「堀井組」の一員として金鳥のCMでは「タンスにゴン」、「水性キンチョウリキッド」、「キンチョール」などを手がける。堀井氏からは言葉の天才と称され、一九九一（平成三）年にはクリエイター・オブ・ザ・イヤー賞とカンヌ広告祭銅賞を受賞、一九九二（平成四）年に同銀賞受賞など、多数の受賞経験あり。

怒っていて、とにかく褒めて説得しようとしたんでしょうね。近藤さんのマネージャーさんに『本当に近藤さんは素晴らしいバイプレーヤーです』って言おうとして、まあバイプレーヤーっていうのも脇役という意味なので、それもまた失礼じゃないかなとも思うんですが、バイプレーヤーと言おうとして、素晴らしいバイブレーターと言ってもうたんですね。それからバイブレーター田井中ってあだ名がついたくらいです」（中治）

　田井中さんの失言話はきりがないと、中治さんはこんな話も明かしてくれました。

「田井中さんって、普段はたばこを吸わなくて、イライラしたときだけ吸うんですよ。それでクライアントのところにプレゼンしに行ったときに、その場で急に僕のたばこを吸ったんですよね。クライアントさんがびっくりして、『田井中さん、禁煙していましたよね？』って言ったら、田井中さんが、『いやね、ちょっとイライラすると吸っちゃうんですよ』って言ってから、自分で『わあぁ』と言ったんです。慌てて『そういう意味じゃないですから』って何度も弁解したんですけど、もうだいぶ吸った後だったんで、ごまかしが利かなかったですね」

これは全部実話です。コメディーでも何でもないのですが、堀井組の話は、もうすべてが漫画みたいにユーモアに溢れていて、金鳥のCMの世界にとても似ています。

ひたすら雑談の果てに、瞬発力

ふざけた話だけでなく、堀井組のものづくりについてのエピソードも紹介しましょう。

クリエーターたちの日常を普段見ることがないので、どのようにして金鳥のCMがつくられているのかに興味があります。クリエーターたちに聞くと、普段から一緒にお昼ご飯を食べて、お茶を飲みながら、「今日、電車の中でこんなことがあった」とか、「奥さんに

中治信博（なかじ のぶひろ）

一九五六（昭和三一）年生まれ。株式会社電通関西支社に入社し、CMプランナー、クリエーティブディレクターを経て、二〇〇九（平成二一）年に株式会社電通の一〇〇％子会社として、株式会社ワトソン・クリックを山崎氏とともに設立。また、サラリーマン劇団「満員劇場御礼座」の団員でもあり、金鳥劇場「ケイタイNさん篇」など、CM出演もしている。一九九九（平成一一）年にクリエイター・オブ・ザ・イヤー賞受賞など、多数の受賞経験あり。

こんなことを言われた」とか、ひたすら喋っているそうです。金鳥の新作CMのプレゼンテーションが近づいてきて、一応それに向けた打ち合わせをするのですが、ひたすら雑談している。「その雑談が、もうめちゃくちゃ面白いんです」（山崎）。

とにかく喋って、とりとめもなく喋って、人の心が動く瞬間や、日常で人が見せる情けないけれど愛おしい姿や、一生懸命だからこそ笑える瞬間を切り取っていくような作業を繰り返す。その中できらっと光るものがあると、「それをとっかかりにしてストックしておくねん」と石井さんから言葉が飛ぶ。それをずっと覚えておいて、企画を出さなければいけないときに瞬発力として出すようにと教わったといいます。

特に堀井さんが活躍されていた、まさに堀井組の全盛期はその傾向が強かったと中治さんは言います。

「堀井さんたちは打ち合わせだと言って集まるんですけど、ひたすら世間話をしているんですよ。最初の三〇分くらいは、ただ世

山崎隆明（やまざき たかあき）

一九六二（昭和三七）年生まれ、京都府出身。日本大学大学院芸術学研究科を卒業し、一九八七（昭和六二）年に株式会社電通関西支社に入社する。関西支社クリエーティブ局シニアクリエーティブディレクターを経て、二〇〇九（平成二一）年に株式会社電通の一〇〇％子会社として、株式会社ワトソン・クリックを中治氏とともに設立。金鳥の各商品のCMを世に送り出す。二〇〇二（平成一四）年にクリエイター・オブ・ザ・イヤー賞受賞など、多数の受賞経験あり。

間話。仕事の話なんて一切しないんです。僕が堀井組に入ったばかりの頃は、いつになったら仕事の話をするんだろうと不思議で、そわそわしながら待っているわけです。三〇分くらい喋って、さんざん笑った後に、じゃあやろうかと堀井さんが言って、それぞれがさっと企画を出して、これとこれってぱっと決めて、もう五分くらいで終わるんです。そこでいい案がなかったら、もう一回ってなるんですけど、たった五分の打ち合わせで決めたような企画が、ヒットCMに繋がるというすごい瞬間に立ち合えてよかったと思います」

そんな中治さんの企画が初めて褒められたのは、堀井組に入って四年くらい経ったとき。一九九四（平成六）年の金鳥のサンポールのCMだというので、金鳥との縁を感じます。

そのサンポールのCMというのが、女優の渡辺えりさんが出演された「廊下篇」で、「べべべべ便器の黄ばみには、ササササ酸が効くサンポール」と、渡辺えりさんが料亭の仲居さん姿で歌うCMソングが、耳に付いて離れないCMです。何度も企画を出して、初めて石井さんに「いい！」と言ってもらえたCMとして印象深いそうです。

「僕は四年ぐらいですかね。もう書生的な立場でずっと（石井さんに）付いていて、企画もやって、お得意さんにも行って、撮影も付いていくという。だいたい石井さんが全部やって、僕は横で見ているだけなんですけど、書けと言われるから考えて出すと、もうボロクソに言われるんです。それがもうずっと続いて、全然採用されない時期が結構長かったですが、今振り返ると、ボツになった企画は確かにつまらなかったです。自分でもそう思います。でも、そのつまらない企画をダメだって言ってくれた人が石井さん。ものづくりには本当に厳しかったけれど、感謝しています」（中治）

「僕は一人っ子だから歳の離れた兄弟がいたらこんな感じかなって

サンポール「廊下篇」

一九九四（平成六）年に放映されたサンポールのCM。渡辺えり子（現・渡辺えり）さんが料亭の仲居に扮し、客がトイレに入るとトイレの扉の前で正座をして「何か手伝いまひょーかー」と叫ぶといった内容だが「べべべべ便器の黄ばみには、ササササ酸が効くサンポール」という強烈な歌詞と、だんだんとクレッシェンドしながら歌う渡辺えり子さんの鬼気迫る演技は、当時の視聴者に強烈な印象を残した怪作である。

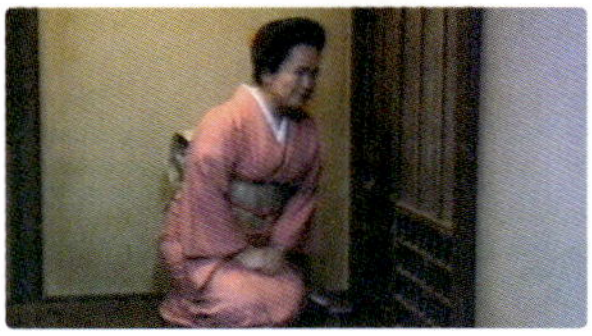

思ったことは何度かありました。石井さんは僕の一二歳上で、中治さんは五歳上なんですが、その先輩同士が、時々兄弟喧嘩のように言い合ったりもしてましたね。

　例えば、中治さんが作った金鳥のCMがコピーの賞を取ったときも、東京だったら『おめでとう』とか言ってもらえるんですけど、うちのチームではあまりないんですよ。むしろ『あのCMにコピーなんかあったか』とか、わりと本気で言い合いをしてたり。そうかと思えば、僕が石井さんから強烈にダメ出しをされた後に、中治さんが横からちょっと優しい言葉をかけてくれたり。家族というと言い過ぎですが、でもそんな感じでしたね。

　僕はいくつか広告賞を受賞した後に堀井組に入れてもらったのですが、最初の二年間は一案も企画が通らなかったですね。とにかく石井さんに『考えすぎや』と怒られて、考えないで企画を出したら『何にも考えてないやろ』と怒られる。スピード感のある企画を瞬発力で出すことを求められたと思うのですが、最初はそれができなかった。さすがにあれだけダメ出しされたら、石井さんのことを嫌いになりそうだけど、大好きでしたね。

『この世界は結果主義。面白い企画が考えられるかどうかや。寝てないなんて意味ないんだ』とか、もうボロクソ言われるんですけど、結果主義と言いながら、全然芽が出なかった僕を捨てずに、ずっと首根っこをつかまえて、こうやって企画をつくっていくんだと、すごいスピードでヒットするものを目の前で見せてくれた。人としての魅力がすごいんですよ」（山崎）

堀井組を取り巻く武勇伝のインパクトの強さには、ただただ、驚くばかりですが、そうした日々の中で生み出されたCMは名作と呼ばれるものばかりです。

ほんの一例ですが、当時、吉本興業の社長を務めていらした中邨《なかむら》秀雄さんをはじめ、吉本興業のタレントさんが登場する大阪市のポイ捨て防止キャンペーンのCMや、関西電気保安協会のCM。「いいことあるぞ～ミスタードーナツ♪」というCMソングが印象深いミスタードーナツのCM。「カンカンカンカン晩餐館。焼き肉焼いても家焼くな♪」とこちらもCMソングが強烈な日本食研のCMなど、挙げたらきりがないくらい、堀井組が手掛けたCMは「あ、知ってる」と思わせるものばかりです。もちろん、金鳥のCMもその中に入ります。

共感こそ、好感への第一歩

カッコいいものを作れとは言われたことがない

「金鳥の夏、日本の夏。」というコピーは世の多くの方に知られることになりましたが、それ以降も金鳥は、CM界に残る名コピーを生み出していくことになります。

たくさんのCMの中から選ぶのは難しいものの、金鳥や金鳥の製品を知っていただくために貢献した一本、今もインパクトを放つコピーと言われたら、それは「タンスにゴン」ではないかと思います。

タンスにゴン、タンスにゴン、亭主元気で留守がいい／「町内会篇」
タンスにゴン、タンスにゴン、におわないのが新しい／「パート篇」

特に「亭主元気で留守がいい」は、一九八六（昭和六一）年の流行語大賞を受賞し、本当に意味がわかっているのかは定かでないにしても、子どもたちがCMを真似ているという声を何度も耳にしました。

ちなみに「タンスにゴン」というキャッチフレーズも、CM制作を担当された電通OBの石井さんによって生み出されたものです。現在、竜小太郎の名前で活躍している初代浪速《なにわ》のチビ玉に出演いただいた「ゴン」のCMは、チビ玉ブームに乗って注目され、「金鳥ゴン」もPRできたと思いますが、「ゴン」はどのように使うものなのかが思いの外伝わっていませんでした。確かに「ゴン」だけでは、何の商品なのかがわかりません。

「タンスにゴン」のCMを石井さんとともに手掛けた堀井さんは、こう振り返ります。

タンスにゴン「町内会篇」

一九八六（昭和六一）年に放映されたタンスにゴンのCM。町内会の婦人部を舞台に木野花さんともたいまさこさんが役員に扮し、今月の町内会の合言葉を復唱していくといった内容で、最後にもたいさんが呼びかける「亭主元気で留守がいい」はその年の流行語大賞に選ばれた。元気はつらつに復唱する主婦たちの姿と、奥の方に一人子どもを抱えて座る存在感の薄い夫の対象的な姿は、夫婦関係の現実を突き付けており、主婦には共感を、夫には面白くもどこか物悲しい感覚を呼んだ。

「チビ玉を使ったCMをオンエアして、ゴンっていう名前は売れたんやけど、どんな商品かわからへんいうので、それをはっきりわかるようにしてくれって依頼されました。それで石井が『タンスにゴン』という言葉を作って、これやったらわかるなと採用していただいたんですよね。そのときに言われたのが、『金鳥らしく泥臭くやってくれたらええわ』ってそのひと言やったんです。それはとても覚えてるんですよね。

泥臭くというのは、僕ようわからんかった。はい、そうですか言うたけど、まあ人間臭くということかなと。下品にという意味ではなかったと思うんやけど。僕らは下品さが持ち味やから、あえて言うこともなかったんかもしれんけどね。人間味っていうのか、主婦の本音というか、日常感覚のようなもの。少なくとも金鳥さんは、カッコいいものを作れとは一度も言わなかったね」

「東京風なのは要らないね。それで勝負してもあかんいうのはよう知ってはったんちゃいますかね。僕も何回も挑戦して失敗した。

タンスにゴン「パート篇」

一九八五（昭和六〇）年に放映されたタンスにゴンのCM。夕暮れの商店街の雑踏の真ん中、タンスにゴンの宣伝カーの荷台の上に、木野花さんともたいまさこさんがへそ出しミニスカの派手な格好で、歌い踊りながら宣伝をしている様子を、その場にいる四人の主婦が冷たい表情で見つめながら「山田さんの奥さんも大変ねえ、家をお建てになってから」と蔑むといった内容で、CM全体を通して流れる独特の空気感は、視聴者をシニカルな笑いへと誘った。

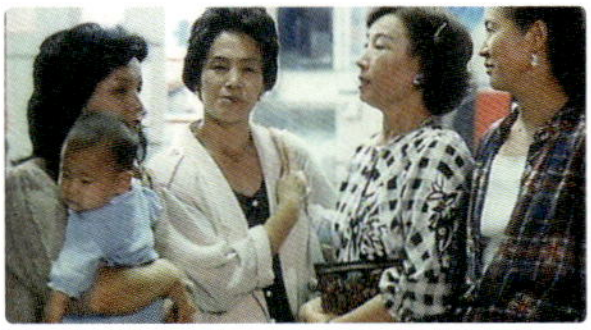

カッコいいのに憧れてちょっとやってみようかなと思ったけど、もう資金が尽きましたみたいな状況でダメになるんです」（石井）

依頼している側の私たちが言うのもなんですが、金鳥のCM制作費はそれほど高くないとぼやかれます。ときにはかなり低予算の依頼もさせてもらっています。浪速の商人魂で、制作側には厳しい依頼もあったかもしれません。しかし、その低予算を逆手にとって、記憶に残るCMが生まれたのも事実でしょう。

確かに制作費をたっぷり注ぎ込めば、カッコいいCMはできます。海外オールロケで、世界トップクラスの女優さんなどに登場いただいて、世界トップクラスの音楽をBGMに使用する。そんなCMも現にあります。しかし金鳥はそんなCMは制作してきませんでした。

理由は非常に簡単です。それは、金鳥の製品は日常的に使っていただくものだからです。何気ない一般家庭の台所やタンス、クローゼットの中でお役に立つものなのに、美しく現実離れした世界を描いても意味がない。カッコいい＝東京風なのかはさておき、もっと身近なところ、日常的な世界をCMの中に描くことで、金鳥らしいCMを生み出してきました。そのために必要だったのが、上山英介宣伝部長のいう「泥臭さ」と「人間味」だったのかもしれません。

お蔵入りするはずだった名CM

それまで金鳥のCMを担当していた堀井さん率いる堀井組に、石井さんが参加することになった第一弾が「タンスにゴン」です。

出演は当時、舞台で活躍していた女優の木野花さんともたいまさこさん。この二人で撮影したのが、「タンスにゴン、タンスにゴン、亭主元気で留守がいい」という名フレーズを生んだ「町内会篇」と、トラックの荷台で、バレリーナのような奇抜な衣装に身を包んだお二人が変な踊りで商品をアピールするという「パート篇」です。

「町内会篇」の撮影を昼間に行ない、監督を務めた市川準さんが、どうしても薄暮の中で撮影したいと言ったので、「パート篇」を夕方にかけて撮影するというスケジュールでした。しかし、最初に撮影した「町内会篇」で、「亭主元気で留守がいい」というセリフを撮影し終えたものの、いまいちだなという感触だったそうです。

とりあえず撮影を終え、今度は「パート篇」の撮影へ。このCMも、当初は何かみっともないアルバイトをしている奥さんに対して、旦那さんが「あのアルバイトを辞めてくれないか」と言うという内容。でも、実際に現場でやってみたら、ちっとも面白くない。そこで、急きょ石井さんが考えて差し替えたのが、「山田さんも大変ね、家をお建てになってから」というセリフだったそうです。

その場で変更になった「パート篇」では、木野さんともたいさんが、ひたすらフレーズを連呼していて、変な踊りをしているだけ。それを見ているおばちゃん四人衆の一人に、「山田さんも大変ね。家をお建てになってから」と言わせることに。撮影を一度中断して、撮影現場の近くにあった喫茶店に入って練り直したアイデアだったといいます。面白くないと思ったら、絵コンテにはなくても勝手に変えてしまう大胆さ。他社のCM撮影現場では見られない光景でしょう。

「堀井さんがしつこいのは、撮ったCMがすでに放送されているのに、『またやろう』と言いだすことです。作り直そうと言うんですよね。本当にしぶとい。むしろクライアントの金鳥さんのほうが相当緩いですね。いやもう金鳥さんの緩さいうたら、もう僕らも腰抜けるぐらい緩いんですよね」（石井）

「ルールは何もなかったですね。一応商品これで、泥臭くとかこんなふうにやってほしいというちょっとした要望は言われましたけれど、絵コンテ以上のものができたら、それでいいみたいな雰囲気はありました」（堀井）

上山英介宣伝部長は、企業が思うほど、消費者は商品のことを気にしていない。商品は経営者にとって命から二番目に大事なものですが、買う人はそうは思っていないという考えを持っていました。だからこそ、CMづくりに徹底してこだわったし、クリエーターを信頼して任せることができたのかもしれません。

そうやって完成した二本は、「パート篇」が先に放送されました。「亭主元気で留守がいい」というセリフがいまいち面白くないと考えていた堀井組は、「町内会篇」を見送ろうと考えていたといいます。しかし、ある事情で急きょ差し替えのCMが必要になったということで、仕方なく「町内会篇」を放送することになったとか。だから、堀井組としては本当に納得していたCMではなかったのです。

主婦の皆さんが普段思っていることだけど、あえて口に出さなかったこと。言いたかったけれど、なかなか言えなかったことを代弁する形になったのでしょう。そこに共感が生まれ、「亭主元気で留守がいい」は、流行語大賞を受賞することになりました。CMは時代を反映するものだとよく言われますが、まさに時代の空気感とぴったり重なったのだと思います。

そのままお蔵入りしていたら、流行語大賞の受賞もなかった。多くの方に「タンスにゴン」を知っていただく機会を失っていたのかと思うと、本当に世に出せてよかったです。

共感ばかりが得られるわけではない

多くの方の共感を得られた「タンスにゴン」シリーズですが、共感ばかりが得られたわけではありません。

「タンスにゴン」がオンエアされたときには、ゴンと名乗る方から電話がかかってきて、「なんで自分の名前を使うのか」と怒られたり、「パート篇」では「山田さんの奥さんも大変よね」というセリフが入るのですが、山田さんというお名前の方から、「子どもが学校でタンスにゴンと言われていじられている」とお叱りを受けたり。電話で何時間もクレームを浴びせ続けられたこともあります。

しかしそんなとき、上山英介宣伝部長はこう言ったそうです。

「苦情がないようなコマーシャルはみんな見ていない。苦情があるというのは反響があるということだから」

効く薬と一緒で、作用があれば副作用もあるということなのでしょう。

他のCMでクレームがすごかった時に、電通関西支社側から、上山英介宣伝部長に対して、あまりにクレームが続くので、CMを下ろしたいと言ったところ、

「担当者は、クレームを辛抱するのが仕事でしょう」

と返されたそうです。そのエピソードを聞いて、改めて先代の腹のすわり具合を感じたものです。企業として、クレームは何よりも恐ろしいことです。

特に金鳥の製品は、人体に直接関わるものなので、安全性を第一に考え、安全性が確保された製品しか販売していませんが、企業に対するクレームというのは何も看板商品に対してだけではありませ

ん。CMもそうですし、例えば小売店などの販売の場で何かしらトラブルがあった場合でも、クレームは来ます。特に昨今では、クレームでCMを放送中止にしたりと、企業側は消費者の動向に非常に敏感になっています。いや、ならざるを得ない状況下にあるのです。

しかし一度これでよいと判断したら、多少のクレームでは動じない。自分が選んだことを信じる強い信念は見習うべきところではないかと思います。

今も語られるCMの撮影現場は、実際にどうだったのでしょうか。ここで二人の証言者にご登場いただきます。

「タンスにゴン」で強烈なインパクトを残した木野花さんと、もたいまさこさんです。お二人は、このシリーズを撮影した今は亡き市川準監督が、注目している女優さんを使いたいということでキャスティングが決まりました。

◎インタビュー

木野花

演じて初めてわかった、「これ変なんだ」

「タンスにゴン」のCMに出演が決まる以前から金鳥さんのCMは有名で、面白いCMをつくる会社だという印象がありました。

監督が市川準さんでしたし、どうなるのか楽しみでしたが、どんなCMになるのか、現場に行くまで分かりませんでした。コンテは見ていましたが、あの独特の雰囲気は想像つかなかったですね。

ガランとした集会所に、町内会のお母さん達がボンヤリ座っていて、黒板の前では、私ともたいさんが妙に熱心に「タンスにゴン」を提唱している。集まったお母さん達の、なんで来ているのか分からない熱意のなさと、二人の熱意のギャップがたまらなくて、そもそも何の集会かもよく分からないのに、コピーが「タンスにゴン　タンスにゴン、亭主元気で留守がいい」ですから。

そういうこと全体がシュールなおかしさをかもし出していた。最近の奥さん達は、こんな事思ってるのかと、半信半疑で演じていました。

だから、実際にCMが流れてからの反響の大きさには驚きましたね。

奥さん達の心理を、当然のようにさらっと

共演のもたいさんとは、事前の打ち合わせもなく現場で初めて顔を合わせました。市川監督からは、特に演技の指示もなくて、二人で、取り敢えずやってみましょうかという感じで始まって、NGもあまりなく、セリフの言い回しを何回かやり直して、さっと撮ってさっと終わったという印象があります。

撮影現場に入ると、すでに集会所の雰囲気が出来上がっていて、普通じゃない空気が漂っていたから、このシュールさが大事なんだろうなと思って、下手な芝居はやめようと思いました。コピーそのものが変なんだから、自分達は、そんなことは当然でしょという感じで、当たり前にやるのがいいん

だろうと、真面目に演じました。

でも完成したCMを見ると、眼鏡をかけた二人のおばさんが、かなりアップで変な顔して映ってて、何だろこのおばさん達はって思いましたね。シュールなのは集会所だけじゃなく、私達の顔もシュールなんだと気づきました。

「町内会篇」の後に、「パート篇」という、CMを撮りましたが、これには、ちょっとしたエピソードがありました。

衣装はこれしかありません

絵コンテは割とルーズに描かれていて、衣装がTシャツにミニスカートという感じでした。

ところが、当日市川さんが「衣装がね、これしか持って来てないみたいで」って、チュチュみたいな、お腹丸出しの衣装を持って来たんです。ミニどころか、お腹を出したバレリーナなんです。薄いヒラヒラする衣装を見て、もたいさんも「これ話違いますよ」って怒ってるけど、市川さんは、「どうしましょうね。衣装はそれしか用意してなくて」ってとぼけてる。でも、想像すると、こっちの方が面白いだろうなってわかるんです。私達二人が、これ着て宣伝カーに乗って踊ったら変だよなって。取り敢えず、入るかどうか着てみようということになったけど、当然サイズは伝えているから、ピッタリ合うわけです。やられたと思いました。

実際CMを見たら、やっぱり面白かった。心寂《うらさび》しい商店街を、軽トラックの荷台に乗って、二人で「タンスにゴン、タンスにゴン」とわけの分からない踊りを踊ってる。それを見ている奥さん方が、「山田さんの奥さんも大変ね、お家をお

木野花（きの はな）

一九四八（昭和二三）年生まれ、青森県出身。弘前大学教育学部美術学科を卒業し、中学校の美術教師として就職するが、一年で退職。一九七四（昭和四九）年に東京演劇アンサンブル養成所の女性五人と劇団「青い鳥」を結成する。一九八六（昭和六一）年に退団し、同年、タンスにゴンのCMでの「亭主元気で留守がいい」で流行語大賞を受賞、女優として活躍の幅を広げる。また、演出家としても活躍し、「木野花ドラマスタジオ」など、若手俳優の育成にも力を注いでいる。

建てになってから」なんて噂している。線路脇の踏み切りの音が、いい味を出していましたね。

私達も、最後は吹っ切って、のりのりで踊っていました。踊りも、やってみて下さいと言われただけで、アドリブです。まんまと踊らされたという感じですね。

気が付いたら真面目です

それまでは舞台中心に活動していましたが、金鳥さんのCMに出演してから、今までご縁がなかった分野にも仕事が広がったのは事実です。バラエティからのオファーも来るようになって、「オレたちひょうきん族」にも出させて頂いて、最後はNGコーナーで水も浴びました。

「タンスにゴン」から三〇年後の二〇一四年に、今度は、虫コナーズのCMオファーを頂いて、相変わらず変なCM路線は健在で、何だか懐かしかったです。共演が、中尾ミエさんと五月みどりさんという、こわいほど豪華な顔ぶれで、ご一緒出来たことも光栄でした。

　絵コンテを見たら、相変わらずコピーが面白くて、しかも歌って踊るんです。今回は振り付けも決まってて、やってみたら意外と難しくて、必死で覚えました。

　でも、五月さんも中尾さんも、それぞれの持ち味を生かして、自由に踊ってたような気がします。自分がやけに真面目に踊ってる姿が泣けてきました。私は舞台の人間なんだなって、改めて思いました。真面目に練習しちゃうんですよね。

　金鳥さんのCMに出演して思ったのは、キャスティングの段階で、狙いはほぼ見えていて、出演者がことさら面白くやる必要はないんだなということでした。

私達は、まんまと踊らされればいいんでしょうね。一筋縄ではいかない悪意のセンスや、シュールな世界にまんまとのせられて、気付かないのがミソじゃないでしょうか。

◎インタビュー

もたいまさこ

金鳥のCMには三本出演しています。

依頼があった当時のことは、ほとんど覚えていないですね。私は当時、舞台が中心でテレビにもほとんど出ていなかったのですが、CM出演のオファーをいただいたので、受けようかなと。

金鳥のCMでいえば、郷ひろみさんと柄本明さんが出演している「ハエハエカカカ、キンチョール」のCMが印象深くて。変わったCMを打つ企業なんだなあという印象はありましたが、ちょっと変わっているからむしろ、面白そうだと思いました。

実は「タンスにゴン」に出る前に、郷ひろみさんと一緒にキンチョールのCMに出ているんですよ、私。郷ひろみさんが「ムシムシコロコロキンチョール」とおじいちゃんに言う。それで、「おじいちゃんに変なこと教えないでくださぃ」って私が郷さんに文句を言うというCMなんですけど。それから同じ時期に「ダニキンチョール」のCMにも出ているので、結局、金鳥のCMには三本出演しているんです。

今までのCMは、「これ効きます」と商品の良いところをアピールするCMが主流だったと思いますが、全然違う切り口で、商品をいきなり宣伝するってわけじゃなくて、周りのものを見せながら実は手にダニキンチョールを持っているという、このストレートじゃないふりしたストレートさみたいな手法がすごく面白いと感じていました。

私にどうしてオファーが来たのかはわかりませんが、あの頃はちょうど、小劇場などの劇団で活躍している人たちを使うというのが流行というのか、流れがあったと思います。私たちの劇団なんかもそうでしたが、テレビ業界の方たちが舞台を見に来られていて。今までテレビに出たことのないような俳優を使いたいというお気持ちがあったんじゃないですかね。

共演の木野さんのことは、お互いに舞台に出ている舞台人ということで知ってはいましたが、共演はしたことはありませんでした。ですから、撮影日に初めてお会いすることになったんですよ。

ただただ、絶句

「タンスにゴン」は、変な衣装を着てトラックの荷台で踊るという「パート篇」と、「町内会篇」の二つを一緒に撮影して、確か先に「町内会篇」を撮影して、「パート篇」は夕方に撮影だったと思います。昼間に集会所みたいなところで「町内会篇」を撮影して、夕方になったら「パート篇」を撮影したことを覚えているんですよね。

「町内会篇」は衣装も普通のおばさんのような、奇抜なものではなかったので、「まあこんなもんかな」という感じ。「亭主元気で留守がいい」は流行語大賞にも輝きましたが、言っている私は、何も考えてなかったですね（笑）。

CMは時代を少しだけ先取りしているみたいな感じがあって、それをあの頃の空気感みたいなのが、「お金だけ入れてくれればね、亭主は帰ってこなくてもいいよね」みたいな。わりとそういう時代だったんじゃないでしょうか。だからこう、ドンピシャに、主婦たちに、「そうそう」みたいな感じでストレートにウケたんじゃないかと思います。

「町内会篇」の撮影が終わって、次は「パート篇」の撮影です。

面白いCMをつくるということは理解していましたが、私は絵コンテすら見ていなかったので、現場に行くまで何をするのかわかっていませんでした。

そしたら「パート篇」のあの衣装ですよ。

撮影現場に入ったら、「この衣装を着てください」って市川監督に言われて、私は絶句して固まっていたと思います。今でしたらちょっと考えられないですけどね。どんな撮影でも、最初に衣装合わせがあるじゃないですか。こちらはスリーサイズを教えてるだけですからね。本当にびっくりしました。「え？　これを着るんですか？」っていう感じで。あの奇抜な衣装を着ることがわかっていたら、断りましたよ。でも絵コンテすら見ていなかったので、断るも何も今から撮影だ、みたいな。

とにかく私は絶句していて、木野さんのことにまで気持ち

もたいまさこ

一九五二（昭和二七）年生まれ、東京都渋谷区出身。二年間の百貨店勤務後、舞台芸術学院に入学し、卒業後は「劇団３〇〇（さんじゅうまる）」の結成に参加する。一九八六（昭和六一）年に退団し、同年、タンスにゴンのCMでの「亭主元気で留守がいい」で流行語大賞を受賞、TVや映画で女優として活躍の幅を広げる。二〇〇七（平成一九）年に公開された映画『それでもボクはやってない』では、主人公の母親役を熱演し、同年の日本アカデミー賞最優秀助演女優賞を受賞する。

がいかなかったですね。木野さん、どうしていたんだろう？　そこは木野さんに聞いてみてください。

現場で衣装と一緒に絵コンテを見せていただいて、「はー、トラックの荷台ねえ……」みたいな感じでため息が出て。夕方の薄暗がりの中で撮影だというので、撮影現場で夕方を待っていてね。

あの踊りも、これだという振付はなくて、市川監督が「こんなふうにしてみてね」と私たちの目の前で踊ってくださったんですけど、私はもうずっと目を伏せていて、見ていなかったです。見たくなかった。「あ、はい。はい」と聞いてはいましたが、市川監督の踊りは見てなかったです。

それでいよいよ撮影になって、あのトラックの荷台に上がったときは、まな板の鯉《こい》ですよね。「しょうがないんだな」って感じで。たぶん冬場に撮影されたはずなんですけど、ショックのほうが大きくて、寒さとか覚えていないですね。俳優である以上、与えられた衣装で役割を果たさなければという使命感なんて一切ないです。「これを着て、これをやんないと、みんなが困って私も帰れないんだなあ」っていう、諦めの気持ちだけ。人質に取られた感じはしましたね。

その後、当時のマネージャーに烈火のごとく怒ったような覚えはあります。「これは着ないでしょ普通」みたいな。もしかしたら、マネージャーもあまり理解していなかったのかもしれない。制作サイドが「言わないでくれ」って言っていたのかもしれないですね。

もしまた金鳥さんからCM依頼が来たら、もうとても無理です。また変な格好をさせられるかもしれないですから(笑)。今見ても、すごい感じになっていますよね。私も年齢を重ね、今さら金鳥の夏は背負えない。金鳥の冬なら受けられるかもしれませんが、金鳥さんはやはり夏ですから、ご期待に添えないと思います（笑）。

笑いのために、電通チームは確信犯

スポンサーが面白いことにこだわっていらっしゃることもありますが、当時のＣＭ制作を行っていた電通関西支社の、堀井チームの作戦勝ちかもしれないですよね。

現場に行くまで何を着させられるのかわからないなんて、今じゃちょっと考えられないですよね。堀井さんは、もともとクリエーター出身じゃなかったと聞いています。まったく違う部署から宣伝に回った門外漢だから、ああいう発想になったのかもしれないですけれど、本当に変わった人でした。

関係ない話ですが、堀井さんって私が小学生の頃に友達だった森川君っていう男の子にそっくりだったんです。森川君って、数学が得意な子でね。だからお会いした瞬間に、「あ、知ってる人」って感じだったんです。堀井さんに聞いてみたら、やっぱり理数系の方だったんですよ。

話がそれちゃいましたが、はちゃめちゃ感があるし、伝説がたくさん残っている人ですが、現場では本当にニコニコしているだけ。「こんにちはー」、「今日はよろしくお願いしまーす」ってニコニコしているだけなんです。だから、その笑顔に騙されたんですね。かなり後になってからですけど、「私にあんな衣装を着させた張本人はこの人か」みたいな感じだったんですけどね。

もう堀井さんも引退されたそうですが、何して遊んでいるんだろうと思います。今振り返っても、やっぱり変態だと思う。絶対変態だと思う。CM業界だけじゃないけど、映像業界って面白い変態がいっぱいいたんですよ。今はよく聞きますが、コンプライアンスなんて言葉聞いたことがなかったですからね。「なんですかそれ?」みたいな。

金鳥のCMにも関わっていらっしゃった川崎徹さんなんて、ものすごいセリフどんどん書いてきますからね。自分で考えてきたコンテの言葉を役者がその場でやったとき、「あ、違う」と思うとどんどん変えていくし。でも一発でOKっていうときもあるし。もう、本当にセンスを感じますよね。

だから現場でセリフが変わっても、こんなものなのかって思っているから、いきなり変わって困るなんて思ったことなかったですね。私たちの仕事はその場で対処するのが仕事なんだと思っていたので、面白さを追求していくなかでセリフが変わっても、そんなに違和感はなかったです。

堀井さんたちが活躍されていた時代、金鳥のCMが登場してから、CM界がどんどん今までとは違う方向に行ったような気がします。金鳥のCMが突破口になって、どんどん面白いCMが登場したように思います。あの頃、ドラマよりもCMが楽しみっていうのが結構ありました。

私は奇抜な衣装を着せられてしまったので、堀井さんに「堀井さんはこんな変なCMばっかり作ってるんですか。他に何やってるんですか」って聞いたことがあったんです。そうしたら、外国のすごくきれいな女性たちを使った他社のCMも堀井さんが担当されたと聞いて、びっくりして、「あんまりにも違いませんか?」って。

まあそういうCMがある一方で、私が出演したようなCMもある。潤沢に予算があるなら、外国のきれいな女性たちをたくさん使って撮影したらいいけれど、毎回予算があるわけでもないし、限られた時間の中で早く作らないといけないかもしれない。でも、そうじゃないとアイデアとか生まれないんじゃないですかね。制約があるからこそ、「じゃあこうしよう」、「どうしたらすごい面白くできるか」っていうようなところを突き詰めていけるんだと思います。

余談ですが、タイのお友達に会いに行くときに、金鳥さんの蚊取り線香をお土産に持参すると、とても喜ばれます。よく効くからって人気です。

ギャップに潜むリアリティ

変化球ではなく、直球で商品をアピール

金鳥のCMは、意外性のあるキャスティングが特徴の一つだと言えます。

堀井組のメンバーは常に「こいつ、使える」、「このキャラクターすごい」と探し回っていたそうです。金鳥のCMには素人さんがたくさん出演していますし、社員も登場します。散髪屋のおっさんや、おかまバーのおっさん、それから電通関西支社が入っているビルの管理人室の方など、役者さんが演技して何かしらのキャラクターを演じるだけでなく、素人さんが持っている独特なキャラクターで勝負することもたくさんしてきました。

ただ、そこで重要なのはリアリズム。リアリズムがなければ共感は生まれないし、商品への好感も芽吹いていかないのです。

「誰がやろうと、リアリズムがあるかどうかいうとこは大きいと思うんです。その時代、その時代のリアリズムやな。変化するリアリズムを敏感に掴むのが、一番直球に近づけるんちゃうかな。直球でないとなかなか伝わらへんね。でも、それが直球かどうかを判断するのはリアリズム。リアリティ。僕らはCMを通して、消費者とコミュニケーションしている。この商品はこんな特徴ありますよと印象に残るように、メッセージを発してコミュニケーションを取ろうとしている。だからリアリズムがないとダメなんです」(石井)

「作ってる人の肉声が聞こえてくると伝わるんやけどね。スポンサーの言いたいことをいったん自分の肉声に変えて、自分の声と言葉でやっぱり言わないと伝わらへんから。ということは、自分の好きな、ほんま面白いことをやるということなんですけどね。金鳥さんという企業側の言いたいことを生で出したらあきませんからね。企業から一方的に言いたいことを言うんでは、消費者に無視されるだけ。僕らは、それを企業さんに変わって伝達効率を上げるのが仕事。僕らの役割は、ビジネスとしての一定の予算で、どんだけ伝達の効率を上げるかだから」（堀井）

そんな思いで作られたのが、「タンスにゴン」であり、「亭主元気で留守がいい」は、まさしく時代のリアリズムを掴んだということなのでしょう。

そして「タンスにゴン」は、次々と金鳥独自のリアリズムを追求したシリーズを打ち出していきます。

女優の沢口靖子さんを起用したシリーズもそうです。全一五作、一九九九（平成一一）年から二〇〇五（平成一七）年まで放送されました。

「有名な人でも、その人のイメージを裏切るような使い方をしたら新鮮なんですよね。悪役で売った人やったら善人に使ったらええし。善人で売ってる人やったら悪役で使ったらええし。『タンスにゴンゴン』に出ていただいた沢口靖子さんなんかも、見たこともない沢口さんを見たいという素朴な気持ちで。あり得ないシチュエーションの中で、沢口さんみたいな美人さんの、三枚目としての顔を見たい。もう自分たちが面白いと思うギャップの追求ですよね。そのギャップにリアリティが生まれる。ただ、沢口さんは関西の人やから、根本的に笑いがお好きなんですよ。想像以上にはまりました」(堀井)

意外性が面白い

交渉の場には、石井さんと山崎さんが付きました。

「沢口さんは、東宝のお嬢様女優としての地位を築いていらっしゃったので、受けていただけるのか心配でしたが、当時のマネージャーさんが企画に可能性を感じてくださって、打ち合わせの席を

タンスにゴンゴン「人形篇」
二〇〇〇(平成一二)年に放映されたタンスにゴンゴンのCM。沢口靖子さんのひな人形役への起用は意外性があり、笑いを誘った。

設けてくれました。ご本人に企画を説明したら、『東宝が責任をもってくれるんだったらやります』とおっしゃってましたね」（山崎）

雛《ひな》人形に扮《ふん》した沢口さんが、他の人形に挟まれて「クッサ〜、もう、これ誰の足よ」とぼやく「人形篇」二〇〇〇（平成一二）年

ウエディングドレス姿の沢口さんに、父親が「靖子、一回目よりキレイだよ」と声をかける「ウエディング篇」（右同）

お色気むんむんの歌手に扮した沢口さんが、胸に「タンスにゴンゴン　クローゼット用」を挟んで揺らす「胸騒ぎ篇」二〇〇一（平成一三）年

政治家に扮した沢口さんが、「一年もったら十分じゃないですか」と国会答弁をして、「トイレ行かせてください」と足早に立ち去る「会議篇」（右同）

セーラー服姿で「クローゼットゴンゴン一年用で守りが堅いから、彼氏はまだいませ〜ん」と鏡の前でポーズをとる「制服篇」二

〇〇二（平成一四）年
「そのニブさ、びっくりするわ……って、さっきあの人が言うてました」と薬局の店員さんを演じた「責任転嫁篇」二〇〇三（平成一五）年
金髪グラマーな姿で体をくねらせる「金髪の美女篇」二〇〇四（平成一六）年
ロック歌手姿でハードにきめて、「ゴンゴン消えてもパ・リーグ消えたらアカンオカン〜」とシャウトする「ロックコンサート篇」（右同）
「いつまでもアホなことばっかりやってられへんやろ。私もう今年で二六やで」と本当に金鳥のCMを卒業する作品になった「26才篇」二〇〇五（平成一七）年など、どの作品も思わず笑ってしまう作品ばかりです。リアルタイムでご覧になっていない方は、機会があれば、ぜひご覧になってください。

沢口さんの「タンスにゴンゴン」シリーズの面白さは、今見ても色あせません。これほどまでに美人の沢口さんが、こんなシュールな笑いにどっぷり浸《つ》かるのかと、沢口さんの女優魂に感服するシリーズです。

「確か三年目に入ったくらいのときに、沢口さんのところに絵コンテを持参したら、もうこれ以上やると母に怒られますと言われました。最初はお母様も、すごく気に入ってくださっていたそうなんですけど、お雛様に扮した沢口靖子さんの歯が抜けるという作品がありまして、一年目に撮影した『人形篇』の続編みたいな感じだったんですけど、それがお母様のリミッターを超えた表現だったみたいで」（山崎）

それでもかれこれ六年間、CMに出演していただいた沢口さん。最後の撮影となった「26才篇」では、これで終わりだということで気分がよかったのか、とても素敵な笑顔を見せてくださったそうです。

沢口靖子さん出演
「タンスにゴンゴン」のCM

一九九九（平成一一）年から二〇〇五（平成一七）年にかけて放映された、沢口靖子さん出演のタンスにゴンゴンのCM。CMの中で扮したキャラクターは花嫁や歌謡歌手、政治家、制服コスプレ、販売員、ダンサー、ロック歌手など多岐にわたる。当時、清純派女優というイメージを抱かれていた沢口靖子さんの、体を張ったコミカルな演技は、多くの視聴者に衝撃を与えた。沢口靖子さん曰く「女優としての幅が広がった」とのことである。

ありふれた日常に潜む、スパイスの効いたユーモア

「つまらん」という言葉が、ぴたっとはまって

木野花さんともたいまさこさんのCMでは、主婦層の方々が、本当は思っているけれど、あえて口にしなかったことをその時代の風潮を切り取ってCMにし、沢口靖子さんのCMでは、圧倒的に美しい女優さんが三枚目になることでギャップから立ち上るリアリティを追求し、金鳥のリアリティはさらに深みを増していきます。

その一つの例として、大滝秀治さんと岸部一徳さんにご出演いただいたキンチョールの「つまらん篇」を挙げたいと思います。

市川準監督が撮影したこのシリーズは、なんといっても大滝秀治さ

んの「つまらん！　お前の話はつまらん！」というセリフが強烈です。「山崎がすごくこだわってキャスティングしたんですよね。それで、撮影は市川さんがいいということになって、市川さんも乗り気だった。ただ、市川さんは小津安二郎監督の大ファンで、これは危険だと感じたから、山崎に『市川さんには、小津安二郎って言ったらあかんぞ』と言っておいたのに、最初っから言ってしまって。

そうしたらもう、市川さんの目の色が変わってしまって、ほんで次の打ち合わせに行ったら一〇枚ぐらいの小津安二郎論のレポートを僕らに提出して、これを読んどけと。えらいことになってもうたな思うたけど。結局、周りをガチッと固めたんやけれどもなかなか言葉がはまらんで。絵がええと今度は言葉が弱なってしもうて。それでその場でいろいろ考えて出てきた「つまらん」という言葉が、大滝さんが言うだけですごい存在感を持って。だからあれは、すごいやってるときにこれはいけるっていう、珍しく確信持った仕事になったやつですね。

あんだけのシチュエーションで役者がいてスタッフもワッとなってるときに、言葉がはまらんと全部すべる。そのすべりっぷりというのは、見事なぐらい、もうその場でわかるんです」（石井）

何度もセリフを変えられて、震えた大滝さん

その当時は、現場でどんどんアイデアを出して、セリフを変えていくことも日常茶飯事だったので、その場で一〇本、二〇本と考えて、最終的に「つまらん」という言葉が選ばれました。

そもそも、設定も違っていたようです。

大滝秀治さんと岸部一徳さんが親子で、大滝さんの奥さん、つまり岸部さんの母親が亡くなったという設定。昔ながらの平屋で親子二人で暮らしているという状況は同じでしたが、最初に決まった絵コンテは、大滝さんが奥さんのお墓の前で、

「お前が生きてた頃は、こんな油を減らした殺虫剤なんかなかったよな」

キンチョール「つまらん篇」
二〇〇三（平成一五）年に放映されたCM。

と言って泣いているというストーリーだったのです。
とりあえず絵コンテが通っても、もっと面白くするにはどうしたらいいのかを考え続けていて、例えば、設定はお墓があるところだから、お寺。ならば、お寺で他に撮れるタイプの企画を考えようと、撮影現場でもずっと考えて、セリフを変えていった堀井組の面々。しかし、いくら考えて、セリフを役者さんに言ってもらっても、面白いようにセリフがすべったといいます。

「良くなかったら、すぐ捨てるんですよ。次から次へと新しいセリフを書いた紙を渡すので、大滝さんはびっくりされていました。通常のCMではそんなにセリフが変わったりしませんからね。
あまりにも何回もセリフを変えるものだから、最後は『今ので良かった？　僕良かった？』って何度も不安そうに聞いておられました。
セリフが面白くないと思っているだけだったんですが、セリフを変えられるからご自身がダメなのかと思われたのかもしれません。

キンチョール「男だけ篇」

二〇〇四（平成一六）年に放映されたキンチョールのCM。父親役に扮した大滝秀治と息子役に扮した岸部一徳さんが、夕暮れどきに並んで歩きながら雑談をするといった内容だが、男やもめの親子の独特の距離感を表現した絶妙な演技は本当の親子を思わせ、シュールな笑いを呼び起こした。同シリーズはCMだけでなく、ラジオCM、新聞小説と世界観を広げていった。また、テレビACC賞金賞を受賞するに至る。

印象に残っているのは、撮影直前に追加のセリフ案を説明していたときに、ご自身で絵コンテにセリフを書かれようとしたので、僕が書きますって言って絵コンテをお預かりしようとしたら、手をポーンと叩かれて、『セリフを書くのは役者の仕事です』っておっしゃったこと。素敵な役者さんだなあと思いましたね」（山崎）

「恐らく、大滝さんは何をやっても面白かったんですよ。今、思うと。極端な話、『新発売』って言っても大滝さんなら良く聞こえるんですよ。

別の会社の案件で、大滝さんに出てもらったCMでは、携帯を見て、「えーっ」て驚く役なんです。ただそれだけなんですけど、大滝さんが「えーっ」て言ったら、すごく面白かった。

他にも金鳥さんのコックローチのCMで、大滝さんに声だけ出演していただいたんですよ。ゴキブリが決闘みたいなことをしていて、バーンと撃たれて倒れる。そこで大滝さんの声で『ノズルで奥まで』と入る。たったそれだけなんですけど、ゴキブリ同士の決闘

なんて、吹き飛んでしまうくらいの面白さがありました。声なのかな、やっぱり」(中治)

絶妙な二人の演技が、本当の親子に見えて

大滝さんの素晴らしさも言葉に尽くし難いものがありますが、共演されている岸部一徳さんも、独特の存在感です。

「岸部さんは、金鳥さん以外でもお世話になっているんですけど、何に出られても、あのままですね。それがいい。恐らく、演技しているように見えないようにするということをすごく心掛けておられると思います。

恐らく、岸部さんは何かの瞬間に、演技しているということがばれたら格好悪いというか、良くないなというのを感じられたかと思うんですよ。それであんまり喜怒哀楽を出さないほうが。人間、普通、隠そうとするもんですよね、喜怒哀楽を。それを無理に、怒っ

ているときに怒っているふうを装うよりも、怒っているけど怒ってないみたいに言うほうがリアルというふうに思われていると思うんですよ。それが、ずっと同じように同じトーンでセリフが出てくる理由じゃないかと思いますけどね。

特に「つまらん篇」では、とにかく自分は出過ぎないようにしたほうが大滝さんが際立つとお考えだったのでしょう。客観的に現場を見て冷静に対処できるなんて、やはりプロ中のプロだなと感じます」（中治）

絶妙な演技が、近所に本当にいそうな親子に見える。そして、シュールな笑いへと繋がる。お二人が醸《かも》し出す深い世界観があったことで、CMそのものが世界を広げていきます。シリーズ展開することで、数年にわたってオンエアされるだけでなく、ラジオCM、そして「金鳥新聞小説『父子水』」が生まれました。

もともとこのCMの案は、山崎さんが持ってきた一枚の写真から

キンチョール「片隅篇」
二〇〇五（平成一七）年に放映されたCM。

スタートしています。

　相当な数の案を出したものの、なかなかこれだという決め手がなく、悩んでいたところ、笠智衆《りゅうちしゅう》さんが小津安二郎監督のお墓の前に座っている一枚の写真を山崎さんが持ってきて、「こんな感じの世界観をCMで表現したい」と言ったそうです。

　そこからイメージがどんどん湧いていき、CMとして完成したときに、石井さんが直川隆久さんに「映像からなんか書いてみんか」と言ったところ、新聞小説が完成したというのです。


　CM、ラジオCM、そして新聞小説と、一本のCMが持っていた世界観を広げることになった「つまらん篇」。商品を売るためには露出を多くして消費者に印象を与え、覚えてもらうことが第一とするなら、別にCMだけでいいのかもしれません。余計な予算を投じて、ラジオCMや小説という、違う角度のコンテンツを制作する必要はないわけです。もしかしたら、一本のCMを繰り返しオンエアするほうが効果は期待できるかもしれません。
しかし、クリエーターからの提案に対して、プラスになると思えばすぐに反応できる金鳥宣伝部は、やはり、少し変わった宣伝部なのだろうと思います。

キンチョール「庭篇」

二〇〇五（平成一七）年に放映されたキンチョールのCM。大滝秀治さんが扮する父親が早朝の庭で、隣人のおばさんに文句を言われるといった内容で、隣人との距離感を丁寧に描いた様子はリアリティにあふれ、終盤で大滝秀治さんのセリフを遮る、おばさんの「きれいごと言ってんじゃないよ、じじい」という捨て台詞によってCMのコミカルさが増し、最後に隣家にキンチョールを吹きかける大滝秀治さんの姿によって、オチがついて視聴者の笑いを呼び起こす。

第三章　日本の夏を侵食する金鳥の夏

効果の可視化
消費者目線のCMづくり

ただ、実験をしてみました

　CMというと、有名なタレントさんが商品を片手に登場して、製品の良いところをアピール。素敵なBGMと鮮やかな映像という印象をお持ちかもしれません。

　金鳥も、有名なタレントさんにご登場いただいているCMを数多く制作しています。製品の良いところを、金鳥が得意とする同じ言葉の繰り返しで商品を訴求しているCMもあります。

　しかし、素敵なBGMが流れるものは少ないですし、世界遺産や美しい自然がどーんと映像に流れるというようなCMは決して多くはありません。皆さんも金鳥のCMに対して漠然とですがある一定のイメージをもっていらっしゃるのではないでしょうか。

そのイメージからは、まったくかけ離れたCMが、「蚊に効くカトリス」の「実験篇」（二〇一〇年）でした。

「蚊に効くカトリス」は、電池式の蚊取り器で、内蔵された羽根付きカートリッジが回転して、その遠心力と攪拌気流で効き目が広がっていくという製品です。火を使わず煙も出ないので、蚊取り線香「金鳥の渦巻」とは違った使い方ができます。屋外用の「おでかけカトリス」は、ぶら下げて使っていただけるようフックがついたタイプと、腕などに巻けるベルト付きのタイプの二種類があります。携帯しやすく、使用している方が動くのに合わせて、その周辺に薬剤が揮散し、おでかけに最適な製品です。

ただ、羽根付きカートリッジが回転していると言われても、それで効き目が本当に広がっているのかなんて見えませんから、店先で

蚊に効くカトリス「実験篇」

二〇一〇（平成二二）年に放映された蚊に効くカトリスのCM。蚊に効くカトリスにドライアイスを近づけることで、煙も匂いも出さない商品の効き目の広がりを視覚的に表現している。また、映像に「こんなことでCMになるのかの実験」と自虐的な唄をつけることで耳に残り、視聴者に強い印象を残した。これまで有名タレントを多く活用していた金鳥のCMのイメージから敢えて外し、製品を前面に出すことで、良い意味で存在感の薄い製品の効果に集中させている。

製品に目がいったとしても、

「効き目が広がるって言っても、本当かな」

というのが素直な感想だと思います。


CMソングでは、こう歌っています。

蚊に効くカトリスの実験
効き目が広がる実験
こんなことでCMになるのかの実験

自社のCMながら、自虐的だと思います。

CMでは、「蚊に効くカトリス」を稼働させ、白くたちのぼるドライアイスの煙を本体に当ててみました。するとカートリッジの回転に合わせて煙が周囲に拡散していくのが、よくわかる。つまり本来なら、視覚的にはっきりと見えることのない効き目を、目で見えるようにした。可視化したのです。

どんなふうに表現すれば視覚的に分かりやすくなるのかを試行錯誤した結果、ドライアイスが一番分かりやすいということで採用したのですが、CMを見ていただければ、なるほどと納得していただけると思います。

ですが、ただ実験しただけです。他のCMでよく見かける映像美や、タレントさんの美しい笑顔や、夢や希望みたいなものは一切ありません。ただ、実験しただけです。まさに、

「こんなことでCMになるのかの実験」

だったと思います。

効果を可視化する、究極の形

ただ実験しただけのCMということで、オンエア当時は話題になりました。TwitterなどSNSでも話題になっていました。

下世話な話になって申しわけありませんが、あまりお金をかけたCMではなかったのです。しかし、SNSの口コミ効果もあり、製品を知っていただくためのCMという点においては、非常に優れたCMになったかと思います。

「蚊に効くカトリス」は、蚊取り線香のように煙が出ませんし、香りもありません。要は、使用感がない。持ち運びに便利で、邪魔にならない。でもいつの間にか蚊に効いているという製品です。

殺虫剤の用途の多様性に答える製品であること。それこそが「蚊に効くカトリス」の製品として優れた点でもあるのですが、「金鳥の渦巻」をご利用いただいている方には、本当に効果があるのかなと疑問を抱かれやすいですし、とてもコンパクトな製品だということもあり、効果が弱いんじゃないかなと思われがちなところがあります。

しかし金鳥としては、羽根付きカートリッジの回転で有効成分が拡散して効くということを伝えたかったわけで、「実験篇」はまさに、その伝えたかったことを可視化させることに成功したCMではないかという自負があります。

実は「実験篇」をオンエアする前に、「蚊に効くカトリス」は何本かCMを制作しています。

主なCMを挙げると、観月ありささんにご出演いただいた「傘篇」（二〇〇三年）。混雑した満員電車の中で、観月さんが雨で濡れた傘を開いて、ぶんぶんと回します。すると傘が回転する遠心力で水滴が飛び散って、電車に乗っている人たちに降りかかるというもの。

それから藤原紀香さんと大友康平さんにご出演いただいた「夫婦篇」（二〇〇七年）。本当に効き目が広がるのかと疑う夫役の大友さんに、奥さん役である藤原さんのセリフが印象的です。

「あんたのその、疑り深い目が好き」

効き目が広がるなんて言っているけれど、本当に効くのか。消費

蚊に効くカトリス「傘篇」

二〇〇三（平成一五）年に放映された蚊に効くカトリスのCM。豪雨の中、観月ありさんがびしょ濡れの傘を開いたまま満員電車に乗り込み、傘をまわすことで周囲に水滴を飛ばし、他の乗客はその迷惑行為によって離れるといった内容で、乗客を蚊、迷惑行為をする観月ありささんを蚊に効くカトリスに見立てることで、実感しづらい商品の効果を、わかりやすく可視化することに成功している。性能を伝えることを一義とし、一貫して消費者の視点に立ったCMは高く評価されている。

者の皆さんの本音を藤原さんに代弁していただいたような内容になっています。

確かにCMが面白くてインパクトがあれば、商品を手に取っていただける機会は増えます。しかし、最終的に買うのか買わないのかは、商品に効果があるのかないのかだと思うのです。いくらCMが面白いからといって、効果に期待を持てない商品は買いません。これは消費者であれば、誰でも同じでしょう。何かしら得られるものがあるからこそ、お金を支払うわけであって、得られるものが何もない商品にお金を支払おうとは思いません。

ですから「蚊に効くカトリス」のCMに関しては一貫して、目には見えにくいけれど、効果が広がっているのだということをお伝えし続けてきたのです。消費者の皆さんが、こんなことに疑問を持たれるのではないかということに答える。その姿勢を貫いてきたCMなのです。

そして「実験篇」です。効き目が広がるということを実験でお伝えしているという、非常に地味なCMです。

もう一つ言えば、ただ実験をするだけで、本当にCMとして見ていただけるのかという、自虐的なエッセンスも入っています。先にSNSで拡散されたという話をしましたが、CMに力を注いできた金鳥だからこそ、CMの可能性に挑むような内容になったのではないかと思います。「これがわが社のCMです」といってオンエアしている当の金鳥が、「これで本当にCMと呼べるんですか」と言っているわけですから、消費者の皆さんからしたら、「そんなことお宅で解決してください」という話かもしれませんが、そこにニヤリとしてくださった方が多かったのだろうと察します。

「蚊に効くカトリス」の性能をどうやったら皆さんにご理解いただだ

けるのかを、ひたすら考えに考えぬいて、真面目にお伝えしようとした結果、実験している様子をそのままお見せするというCMになりました。

面白いCMをつくる企業というイメージがつきまとう金鳥ですが、その根底には、皆さんのお役に立つ製品をつくりたい、皆さんの生活をより快適にしたいという強い思いがあります。ですから製品の良さを訴求したい。一方で、CMのクリエーターさんはメーカーの目線から一歩離れて、消費者目線を意識しています。

「クリエーターさんは大抵、CMを見る人たちに、こう記憶に残るとかね、心地よいCMを作ろうとしてるわけで。別にメーカー目線でCMをつくってもヒットなんかしません。我々もきっとそうだと思うんですよね。メーカーにいるけど、まあメーカーの気持ちとしたらものの良さっていうのを強調したいけど、それにこだわったら受け取る側が窮屈に感じて、CMの間にトイレ行ってようとかいう世界になる。テレビの前から逃げられたら終わりですからね。その辺はやっぱりちょっと違うのかな」（上山久史）

普通じゃない要素もCMに

メーカーからすればあり得ないクレームをCMに

改めてCMに正解はないと思いますが、「実験篇」で新しいCMのスタイルにたどり着いたクリエーターの皆さんには、違う製品でも、この「実験篇」に影響されたような内容のご提案をいただくことになります。真面目に真面目に取り組むことで、ニヤリとする笑いが生まれるCMです。「蚊に効くカトリス」の「実験篇」の翌年、二〇一一年にオンエアした、不快害虫シリーズです。

「虫コナーズアミ戸に貼るタイプ」、「コバエがポットン」、「お米に虫コナーズ」と三つの製品のCMでは、クレーマーの主婦が登場します。

　このシリーズの制作にあたった電通関西支社の古川雅之さんは、

「CMに対するクレームが世の中で増えてきて、作り手としてはやりにくい時代だなぁと、漠然と感じていました。企画を考えてるうちに、これといった案がでなくて、もう苦し紛れにそういう風潮を逆手にとれないかなと。クレーマーがとんちんかんに登場する企画です。ふつうなら企業は嫌がる案だと思います。でもチャレンジと思い、一案目にプレゼンしました。そしたら一案目の説明が終わると上山専務が、『この案でええわ。これで行こう。もうほかのん見んでええわ……』と、言ったら伝説のプレゼンになるんとちがうか』と。笑ってしまいました。ほかの案も持参していたので、一通り全部説明しましたが、その場でこの案に即決してくださいました。もう、しびれました」

「コバエがポットン」のCM「ご意見篇」では、こんなやり取りがなされます。

シニア世代といえる主婦が、台所で電話をかけています。

そちらでバナナを買ったんですけどね、

食べたバナナの皮にですね、コバエがたかってるんです

どういうことですか？　大問題ですよね

流しの三角コーナーには黒ずんだバナナの皮に、コバエがぶーん。そして、ナレーションで、

ありがたいご意見の途中ですが、「コバエがポットン」はいかがでしょうか

本当にこんなクレームが来たら、金鳥宣伝部も困ります。購入した時点でバナナが腐っていたならまだしも、食べたバナナの皮にコ

コバエがポットン「ご意見篇」

二〇一一（平成二三）年に放映されたコバエがポットンのCM。オーディションで選ばれた山埜ゆみ子さん扮するおばさんが、台所で近所のスーパーにクレームの電話を掛けるといった内容で、食べ終わったバナナの皮にコバエがたかっていることへのクレームをする姿は、あまりに理不尽でシュールな笑いを誘う。社団法人全日本シーエム放送連盟主催の第五一回ACCCMフェスティバルにおいて、ACCゴールド賞を受賞するに至る。

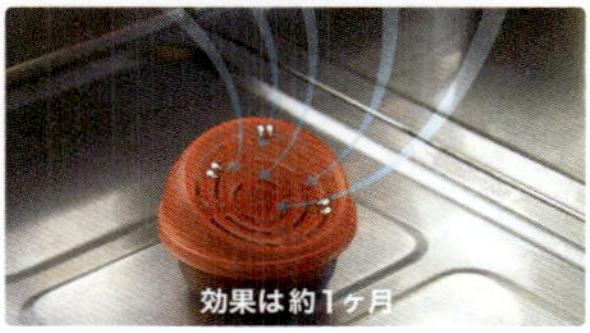

バエがたかって大問題なんて、ひどいクレームもいいところです。

クレームといえば聞こえが悪いですが、消費者の皆さんからのご意見は、今後の製品開発にとって重要な資料となるので、私たちも大切にしていますが、さすがにこんな理不尽なご意見はないですよね。これは根拠のないただの言いがかりです。しかし、このあり得ないクレーム、シチュエーションがシュールな笑いにつながっています。

「コバエがポットン」は、バルサミコ酢とフルーツエッセンスというコバエが大好きなニオイでおびき寄せる、置き型のコバエ捕獲器です。容器もコバエが大好きなオレンジ色にしています。

コバエがとまりやすいデコボコステップ形状で、容器の中に一度入ってしまうと、誘引捕獲液がしみこんだ「とろり保湿マット」でしっかりキャッチします。つまり「コバエがポットン」は、ニオイ、色、形とコバエ目線で、コバエの好きなものばかりを集結させてつくった製品なんです。

他の製品でも「ご意見篇」

「コバエがポットン」と同じく山埜ゆみ子さんにご出演いただき、他の製品でも同様のCMを制作しました。「虫コナーズアミ戸に貼るタイプ」の「ご意見篇」（二〇一一年）です。

もしもし、お宅で買った網戸に虫がへばりついて困ってるんですけど
去年お宅で買った網戸です
なんか不良品ちゃう、この網戸
虫がいっぱいへばりついて、おかしいんちゃうこの網戸
替えてほしいわ

山埜さんが、本当に大阪の住宅街に住んでいらっしゃいそうな感じがして、妙にリアル。いままさにクレームの電話をかけているという臨場感があります。

虫コナーズアミ戸に貼るタイプ「ご意見篇」

二〇一一（平成二三）年に放映された虫コナーズアミ戸に貼るタイプのCM。コバエがポットンでも出演した山埜ゆみ子さん扮するおばさんが、アミ戸の前でクレームの電話を掛けるといった内容で、去年買ったアミ戸に虫が付いていることに対して、不良品とクレームを入れる姿は、非常に理不尽でシュールな笑いを誘う。

それなのに言っていることは、恐ろしくすっとんきょうと言いますか、支離滅裂ですよね。虫が室内に入ってこないようにするための網戸なのに、虫がついているって当然のことですから、不良品ではありません。ありがたいご意見ですが、そんな方にこそ「虫コナーズ」のアミ戸に貼るタイプをおすすめします。

ＣＭの役割として消費者の皆さんに、商品を美しく見せるということがあると思います。メーカーとしては可能な限り、商品の良いイメージを定着させたい。例えば車やファッション、家電製品など、イメージが重視されるものは多く、そういった商品は、起用するタレントさんのイメージがとても重要ですし、どのタレントさんを起用するのかについては、非常に気を使うでしょう。イメージタレントさんの選定がすべてといっても過言ではないでしょう。

しかし金鳥の製品は日用品ですから、そんなラグジュアリーな印象を与える必要はありません。むしろ、日常の中で出会いそうなシーン、共感していただける身近さのほうが重要です。山埜さんのような方、ご近所さんや親せきの中に一人はいそうです。「お米に虫コナーズ」の山埜さんも、とてもいい味を出していらっしゃいました。

金鳥のCMではタレントさんも多数起用していますが、非日常がタレントさんの華やかな表の顔だとしたら、仕事から解放されて、日常に戻った時の裏の顔が見えるような。あるいは美しい、かっこいいというイメージや印象を覆すような形でご登場いただいているパターンが多いのです。

そこで金鳥のCMの中でも、意外性で注目を集めたCMを三本ご紹介します。

起用するタレントとの新鮮なミスマッチ感

二枚目俳優が、二枚目を返上した日

通りの向こうから、タヌキがスクーターに乗ってふらふらと走ってきます。

三〇日、三〇日、一本ポン

何とものどかな、気の抜けた感じのCMソングを歌っているのは、名俳優である近藤正臣さん。「キンチョウリキッド」のCM、「スクーター篇」（一九九一年）です。まさか、あの近藤正臣さんが

タヌキに……。

このCMは、第2章にご登場いただいた電通関西支社の堀井組が制作にあたっています。石井さんに当時のことを伺いました。

「近藤正臣さんのときも、面白かったよね。何回電話してもなかなか出てもらわれへんかったんやけど、どんなんやるねんって言うから、絵コンテを送ったんですよ。タヌキがスクーター乗ってる絵をFAXで送って。向こう、何これって。これ俺かと。

そのときたまたま本人曰く、何か仕事が全然面白くなくて、二枚目の役者ばかりとかそういうのも役どころがだんだん固定し始めて、何か自分が南太平洋で釣りしてるときに何をこだわって生きてんのやみたいなことを思いはって。で、日本帰ってきてタヌキでしょ。何かふっ切れたらしいんです。

ただ現場行ったら、めちゃめちゃ不機嫌やったんです。一番最初のシリーズ始まるときに、着くなりマネジャーの人に呼ばれたんで

キンチョウリキッド「スクーター篇」
一九九一（平成三）年に放映されたキンチョウリキッドのCM。近藤正臣さんのタヌキの着ぐるみは視聴者に衝撃を与えた。

す。監督と僕らがまず近所のパチンコ屋でタヌキがパチンコしながら何か言うてんの面白そうやな、というので、そういうシチュエーションを考えとったんですけど、タヌキのかっこして、行くなりもうすっかり怒ってらっしゃるんですよ。

僕らの方見てね「何やこれは?」っておっしゃるんですよ。股間にどんと六畳敷きの★★が付いてるんですよ。技術さんが面白がって付けたらしいんですけど、僕らそんな要求全然してないのに。それでもう話つぶれるか思うたんです」(石井)

当の近藤さんは、どんな思いで撮影に挑まれたのでしょうか。伺ってみました。

近藤正臣

インタビュー

釣りを楽しむために郡上八幡に滞在していた時、宿にFAXが入りましてね。金鳥さんからCMの依頼があったということで絵コンテが送られてきたんです。何だかよくわからないけれど、タヌキが出るってことみたいだから、つまり私が声を担当するのかなと。タヌキの着ぐるみをまさか自分が着ることになるとは思わなかった。まあ今暇だし、声を吹き込むくらいならいいかなという気持ちで引き受けたんです。

でも違いました。「タヌキを近藤さんがやるんです」と言われて、あ、あれ！　全面的に私が出るのと……、一瞬の間があって、「面白そうですな」と言いましたが、心底驚きました。

それまでの私は、好き嫌いは別にして、二枚目といわれるようなカテゴリーの中にいた役者です。しかし、正直に言えば二枚目役に飽き飽きしていました。メロドラマのようなものばかりやるのは、いささかなぁという思いがありました。だからタイミングが良かったんです。五〇歳を少し過ぎたくらいで、こういうのも面白いかなと思いました。

遠いところに出向いたり、何日もかかったり。CMの現場をいくつか経験していましたから、撮影には時間がかかるものと認識がありました。だから覚悟して、わからないなりにもいろいろ考えて現場に出かけたわけです。しかし、そこはやはり大阪電通の人たちです。

「絵コンテに描いてあるとおりなんです。スクーターに乗りながら、坂道をきゅーっと下ってきて、節はどんな感じでもいいんで、『三〇日、三〇日、一本ぽ〜ん』とお願いします」

何も訴えなくていい。のんきにと言われても、どうも感覚

が掴めない。ちょっと力んでセリフを言ってみると、

「いや、そんなんじゃなくて、ほわほわほわと、春風の中をタヌキがスクーターで走ってくる感じでお願いします」

言いまわしは理解したと。でも顔はどうすればいいのかと思い、私はタヌキのメイクをすることを提案しました。巨の周りを黒くしたり、ひげなどを描いたほうがいいんじゃないかと私から提案したんですよ！　そうしたら、

「メイクですか？　やりますか？　やめましょうよ」

と即却下されました。

こんなふうに走ってくださいと教えていただいて、カメラの前を「三〇日、三〇日、一本ぽ〜ん」と三回くらい走ったんですよね。それで「はい、ＯＫです」って言われたものだから、テストが終わって次は本番かと思ったら、すでに本番だったみたいで、また驚きました。「今のがＯＫって何?!」

と混乱しました。テストだと思っていた私には何の緊張感もなく、ふわふわとやって終了。それでお金いただけるのかしらと恐縮するくらい。最初の撮影はそんな感じですぐに終了しましたが、今でも強く覚えています。

タヌキの後はカッパにもなりました。

カッパは住宅街でスクーターに乗るのではなく川流れでしょうということで、川での撮影。それも真冬の日本では夏のバックが撮れないということでニュージーランドで撮影しました。小川のようなところでぽんと浮いて「六〇日、六〇日……」で終了です。これも本当に面白かった。すごく楽しい気分だったということしか覚えていないんです。だから最初の撮影の時に、私が怒ったと電通の石井さんたちが記憶されていると聞いて驚きました。

私はまったく覚えていないんです。でもこっちは覚えていなくても、電通さん方面の方は覚えているかもしれませんね。こうした現場ではしょっちゅうあることなので申しわけないが覚えていません。それに石井さんという方は豪快そのもの。こちらに気を使うような素振りはしない方でしたよ。「はい、OKで〜す！」と豪快におっしゃって、「これでCKなの？」と私が驚いていると、まあ映像見てみましょうとチェックして、「ほら、OKでしょ！」と。

カメラテストだと思ってスクーターに乗ったので、リラックスした絵が撮れたのかもしれませんが、私が寛いで撮影できたのは、石井さんたちの発想の面白さを素敵だと思えたからです。金鳥は老舗ブランドです。日本に生まれてよかったなという情緒あるCMもやっている老舗ブランドが、一方ではこれもありなんだと思って、その振り幅がすごく面白いと思えました。

「亭主元気で留守がいい」も石井さんのコピーですが、あれ

近藤正臣（こんどう　まさおみ）

一九四二（昭和一七）年生まれ、京都市東山区（現山科区域）出身。京都府立洛東高等学校を卒業し、家業の小料理屋を継ぐため大阪の吉兆で板前の修行を行なうが、修行の厳しさに耐えかね三カ月後に辞め、劇団「ドラマ工房」を結成する。その後、俳優として活動を始め、一九七一（昭和四六）年に主人公の敵役として出演したドラマ『柔道一直線』で人気を博す。一九九一（平成三）年に出演したキンチョウリキッドのCMで、二枚目俳優だけでない演技の幅を広げる。

だって面白いよね。当時の大阪電通はトッププランナーでしたよね。今の電通からしても想像できないくらいの勢いがありました。やはり最初に面白いことをやった人たちですから、私は尊敬しています。そして、そんなCMに出演できたことを喜んでいます。

ただ、CMに出演した頃、娘は二〇歳を超えていましたが、息子は確か一六歳くらいで、家族の反応は微妙なものがありました。テレビを見ていたらCMを目にする。最初ははっきり言わなかったのですが、息子が学校で、「お前のところのお父さん、タヌキやってる?」って聞かれたらしいですね。いや、やらないでしょとごまかしていたみたいですが、雑誌などにも近藤がタヌキになったと書かれ、いよいよ隠しきれなくなって認めました。

皆さん、あのCMをご覧になって、最初は近藤がやってい

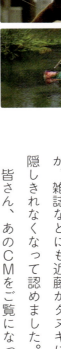

ると は思わなかったはずです。それが私にとっては痛快。へへんって思いがありました。広く知られるようになったら、ドラマの撮影現場などで「本当にタヌキをやっているんですか？」なんて聞かれるようになって。「かわいいだろう？」なんて答えたりしていました。

そんなふうで、私にとっても実に思い出深いCMになりました。もしもまた依頼がきたら、老い狸だけど、洒落で面白いかもしれません。できることならやりたい。いろいろなものをやってきましたが、あのCMにとても愛着があるんですよ。金鳥さんも電通さんもそう思っていないでしょう。違いますよ、違います。本当に愛着があるんです。もう二五年くらい前の話ですが、その当時の仕事の中でも一番印象に残っている仕事です。私は、よいしょはしませんよ。

禁断のかぶりもの

近藤さんの後を継いで、「水性キンチョウリキッド」のCMに起用されたのは、山瀬まみさんです。山瀬さんは、お付き合いの長いタレントさんで、現在は「キンチョール」のCMにもご出演いただいています。

「水性キンチョウリキッド」は、殺虫成分と混ぜ合わせる溶剤を水性タイプにしたという大きな特徴があります。殺虫成分を石油系の溶剤に溶かしている油性タイプは、石油のニオイも出ますし、刺激も強い。火気に対する注意も必要です。そうしたマイナス面が水性だと解消されるということで、特徴を存分にアピールしたかったのですが、薬事法など表現上のルールがあって、限られたCMの時間内で表現することに非常に苦労しました。

そんな「水性キンチョウリキッド」のCMにご出演いただいた山瀬さんに、お話を伺いました。

◎インタビュー

山瀬まみ

金鳥さんからCMのオファーをいただいたとき、最初から"カッパの衣装ありき"でした（笑）。もちろん、CMへの出演依頼はありがたかったのですが、被り物への抵抗があって、お話をいただいてからしばらく悩んでいました。

私の前にキンチョウリキッドのCMに出演していたのは、俳優の近藤正臣さんです。緑色のカッパの衣装が印象的なCMでした。その後釜ということだったので、すぐにイメージはできました。ただ、「あのカッパを着るのか……」という感想が正直なところで（笑）。

仕事上のタブーという意味では、当時の私にしてはいけない仕事はありませんでした。でも、いわゆる被り物系は正直やりたくない仕事だと事務所に伝えていました。その上でのオファーだったので、最初はすごく戸惑い一晩だけ悩みました……。

救いだったのは、マネージャーさんからの「カッパはピンクになるからかわいいと思うよ」という言葉です。その言葉を聞いて、「ピンクだったらいいかな」と思って(笑)。それでオファーを受けさせていただきました。ただ、被り物への抵抗は相変わらず残っていましたけど(笑)。

CM撮影前に、初めてピンクのカッパを見たときは衝撃でした。それに、撮影場所はニュージーランドだったのです。たくさんのスタッフと一緒に行って、空港から四時間ほど車で走った所にあるモーテルに、みんなで寝泊まりしていました。

そのような状況だったこともあって、撮影期間中はさながら集団生活のような感じでした。翌日のロケ弁をみんなで作ったり、自炊のような環境で生活をしたりして。そのおかげか、すぐにチームワークは出来上がりました。

ただ、被り物を着なければならないし、撮影は二日連続水の中だったので、体力的にはきつかったのを覚えています。私は水中で演技をするのですが、スタッフさんたちはみんな陸でモニターを見ているという距離感もあって、「これで良いのかな」、「こうした方が良いかも」と、撮影中は一人で悩んでいましたね。

また、監督からの指示がかなり大胆で。落書きのような絵コンテを見せられて、「とりあえずやってみようか」というような感じでした。しかも、なかなかオッケーがかからなかったので、とにかく無我夢中になって取り組むことしか出来なかったような気がします。

さらに、ニュージーランドは日本と比べて日が長く、暗くなる時間が遅いので、なかなか撤収になりません。それでも、みんなで仲良く撮影に取り組めたのは、集団生活の中でメンバー同士の絆ができあがっていったからだと思います。大変は大変でしたけどね（笑）。

その一方で、完成したCMはとてもかわいくて面白くて、さらにインパクトもあったので、辛い撮影に耐えた甲斐があったなと思いました。オンエアを見て、他のCMにはない衝撃がにじみ出ているのを感じ、報われた気持ちになりました。

特に印象に残っているCMは、くいに頭をぶつけるものです。川を流れているカッパが、くいに頭をぶつけて、そのまま違う方向に流れていくというものでした。その撮影中、カッパの衣装で酸素不足になってしまって。助けを呼んでも、みんなモニターを見てゲラゲラ笑っているだけで気づいてくれなくて、命の危険を感じました（笑）。

また、滝つぼでの撮影もありました。かなりの急流だったのですが、そのときスタッフさんに言われたのが「落ちたらジタバタしないでください。そのうち浮いてきますから」という言葉。とにかく落ちないように、慎重に撮影に挑んだのを覚えています。

放送が始まってからは、各所からたくさんの反響をいただきました。「面白い」、「インパクトがある」という声が圧倒的に多かったと思います。また、毎年のように放送されていたので、「あのCMを見ると、もうすぐ夏だと感じるね」と言っていただけて。やはり、話題にしてもらえるのは嬉しいですね。

意外だったのは、芸人さんからもお褒めの言葉をいただいたことです。仕事をご一緒させていただくときでも、カッパというイメージのおかげでいじられやすくなり、いろいろな

山瀬まみ（やませ まみ）

一九六九（昭和四四）年生まれ、神奈川県平塚市出身。幼少期は父の転勤によって各地を転々としていたが、一九八四（昭和五九）年に転勤生活は終わる。一九八三（昭和五八）年にホリプロタレントスカウトキャラバンに応募するが書類選考で落選。一九八五（昭和六〇）年の二度目の応募で優勝し、アイドル歌手としてデビューする。その後、バラエティ番組を中心に活躍の場を広げる。一九九七（平成九）年から出演するキンチョウリキッドのＣＭで見せる自然体の演技は好評を博す。

方と仲良くさせていただくきっかけにもなりました。

ＣＭ自体のインパクトが大きかったので、幅広い層の方に覚えてもらえるのも嬉しかったです。ただ、子どもたちから「カッパの姉ちゃん」と呼ばれると、ちょっと、複雑な心境ではありますけど（笑）。「カッパのお姉ちゃんだよ。握手してもらいなさい」みたいに言われることもあります。ある意味では、私の代表作となったＣＭなのかもしれませんね。

カッパの衣装については、数年前に脱ぎました。当時はあれだけ着たくないと思っていたものでしたが、今となっては少し寂しいですね。毎年の恒例行事みたいなものでしたから。そういった恒例行事がなくなってしまうと、「ちょっともったいなかったかな」なんて思うこともあります。

ただ、金鳥さんのＣＭに出演する限りは、新しいことにもどんどん挑戦しなければならないと思っています。金鳥さんだからこそ、私に出来ることをしたいという思いが強いんです。他の会社ではお蔵入りになってしまうような内容でも、金鳥さんは挑戦させてくれる。とても懐が深い会社だと思います。

大人の洒落が効いたCMはまさにキャスティングの妙

金鳥には、一歩間違えば下ネタとも受け取れるようなCMもあります。

「キンチョールジェット」は、キンチョールの三倍の噴射力を持っていて、遠くにいるハエや蚊に対してシュッと噴射できることが特長です。それに対し、従来の「キンチョール」は三倍長持ち。それぞれの特長を理解していただくために、官能小説を手にした豊川さん演じるキンちゃんが口にしたセリフは、

長持ちするヤツか、遠くまで飛ぶヤツか――。

今夜は、どっちのキンチョールがええんや？

それを聞いた女性二人が、「ヤラシイわぁ～」と、ほのぼのとし

キンチョールジェット「どっちにする？」篇

二〇〇八（平成二〇）年に放映されたキンチョールジェットのCM。豊川悦司さんの男の色香漂う演技は視聴者に衝撃を与えた。

た声を出す。それにキンちゃんは「ヤラシイやろ」と返します。

「どっちにする?篇」(二〇〇八年)です。

　これまでさまざまなCMを制作してきて、いろいろなご意見をいただくことがありましたが、このCMはその中でもかなり多くのご意見をいただきました。まあ内容を考えれば、仕方ないといえば仕方ないのですが「下品だ」、「いやらしい」といったお叱りの言葉をいただきました。

　確かにいやらしいのですが、豊川さんの演じるキンちゃんの、どことなく憎めない感じと、お二人の女性の醸し出すほのぼの感が絶妙で、下品にならないギリギリのところをいっていると思うのです。豊川さんはさておき、女性出演者の選考はかなり難航したようですが、その甲斐あって最適な人材が見つかったと思います。

豊川悦司

◎インタビュー

キンちゃんは、自分に似ている

金鳥のCMはそれまで一視聴者として見ていて、一世を風靡したCMシリーズでしたし、僕自身もその世界観のファンだったので、依頼があったときには、ついに来たかと嬉しくなりました。

演出の市川準さんは大好きな監督でしたし、すべて監督にお任せしようと考えて現場に入りました。実際に撮影が始まると、ベースになる設定はあったものの、ほとんど自由。即興的にテイクを重ねていくスタイルで、かなりのプレッシャーと緊張を感じながら芝居したことを覚えています。コマーシャルというよりは、ワンカットの短編映画を撮影しているような感じすら受けました。

演じたキンちゃんというキャラクターは、本当にダメな男なんですけど、そのダメさ加減も含めてとても魅力的で大好きな男でした。親しい友人からは、「結構地で演じているね」と言われたり、僕の周囲からは大好評でした。

金鳥宣伝部の皆さんは、とてもクリエイティブで、金鳥のCMシリーズを愛していらっしゃる感じがしました。制作陣とのコミュニケーションも含めて、バランスのとれた素晴らしいチームだったと思います。撮影現場では、たくさん笑っていただいて、かなり勇気をいただきました。

金鳥のCMに出演させていただいたことで、それまでの俳優豊川悦司の新しい側面を引き出していただいたように思います。もう一度キンちゃんを演じる機会がいただけるならば、ぜひ出演したいと思っていますし、こんなに嬉しいことはありません。

今は亡き市川準監督とは、キンちゃんを主人公にして映画とかつくれたら面白いねという話をしたことも今ではとても大切な思い出となりました。

豊川悦司（とよかわ えつし）

一九六二年生まれ、大阪府出身。一九九一年映画『一二人の優しい日本人』、一九九二年映画『きらきらひかる』、ドラマ『NIGHT HEAD』などで注目され、一九九五年ドラマ『愛していると言ってくれ』で人気が沸騰。以降、映画、ドラマ、CMと活躍を続ける。二〇〇七年から出演するキンチョールのCMでは、俳優としてのイメージと異なる意外なキャラクターを熱演し、多くの視聴者の関心を集めた。

金鳥宣伝部のクリエイティブ・マネジメント

広告理論を勉強しなかったから良かった

ここまで制作に関わっているクリエーターさんの話をいろいろと聞いてきたので、ここで社内に目を向けてみようかと思います。金鳥宣伝部です。

金鳥宣伝部は先の章でご紹介したように、上山英介宣伝部長と社員の山崎の二人でスタートしました。上山英介部長が金鳥のCMの基礎を築き、クリエーターさんたちとのパートナーシップも築いてきたので、その上山英介部長の考え方を受け継いで今に至ります。

上山英介部長がインタビューに答えているものがあったので、まずは金鳥宣伝部のクリエイティブ・マネジメントを語る前に、前提としてご紹介します。

「別にそんな、大袈裟なことじゃないですよ。私は広告理論というものをまったく勉強せずに担当になったから、それが結果オーライでよかったんかなとは思います。広告というものをあまりよく知らずに、ただ自分の感性に頼ってきたというのか、こんなことをやったら人は面白いと思うんだろうなということだけで、やってきましたから。電通の堀井さんなんて、僕のことをいつも〝ヤマカン社長〟って言うてましたわ。でも、だれが見たってわかるものじゃないですか。料理を見て、これはおいしそうだとかまずそうとか、誰でも感じますよね。ところが、下手に頭の中に理屈が詰まってて、その通りにやると、うまくいかない。やっぱりものごとすべてに、第六感みたいなのが必要じゃないですかね。僕に特にその能力があるとは思いませんけど。まあ、実は気が弱いから、あまり「これはダメ」って言えないんです。堀井さんなんかもう、自由自在にのさばってましたけど。それがよかったんでしょう（笑）」

（宣伝会議『広告批評』No.297 二〇〇五（平成一七）年 P一三〇）

「堀井さんも、はじめのうちは、コンセプトがどうとか、ターゲットはどうとか、何ページにもなるような企画書を出してこられました。テレビコマーシャルは一点で何千万、あるいは何億単位のお金がかかるものですからね。慎重にならざるをえないんです。だけど僕は、そんなもんはいらんと。まあせめて四コママンガみたいな感じで、大体のイメージがわかるように描いて持って来てくださいと言いましてね。それからは、それで済ませてました。企画書はなし。だから、よその会社でボツになったのを持って来てるんちゃうかなんて悪口言ってたんですけどね。多少そういうのもあったかもしれんな。（笑）でも、そうするとなんとなく面白いものとか、変わったもの、やっちゃいけないようなものまで、いろんなアイデアが集まってきて、その中から取捨選択できるんです。よく「新・珍・奇」と言いまして、新しいもの、珍しいもの、奇妙なもの、そういったものは人間の好奇心を刺激するという、これはもう基本ですから。別に広告に限らず、ニュースとかマスコミとか、世の中はすべてそれで動いている。商品開発もそうだと思うんです」
（『広告批評』No.297　P一三〇）

第六感を大切にして、広告のことを知らなかったからこそ既成概念にとらわれず、自由な発想ができたということだと思いますが、そんな上山英介宣伝部長時代をよく知る電通関西支社のOBである堀井さんは、当時の金鳥宣伝部についてこうおっしゃっています。

「上山宣伝部長は社長でもあった。僕は普通の会社でも、宣伝部って社長室付きとか社長直属にするべきやと思うんですよね。上山さんもおっしゃってましたけど、決済のプロセスが多いほど丸くなっていって角が取れていくから駄目やと。だから俺はもう二人でやるんやっていうことをおっしゃってましたからね。それがものすごく大事やと思います。合議制でやったら駄目ですよね。みんなの言うこと取り入れたらもうほんまに丸くなってみんなが納得するけど、屁でもないものができてきますからね。上山さんは、CMの企画を社員に見せるんやけど、社員が一番嫌だったものっていうか、これだけは嫌ですって言うたもんをやるんですって」

少数精鋭、たった五名の宣伝部

まだ赤ちゃんのときに金鳥のCMに出演経験のある上山久史専務以下、金鳥宣伝部のメンバーは現在五名です。二年前までは営業本部に所属していた北伸也部長、山瀬まみさんとCMで共演したこともある小林裕一課長、大迫寛史、そして女性社員として安久多恵子と、笹岡可奈子。金鳥宣伝部が立ち上がったときは二名だったので、少し増えてはいますが、それでも五名は少ないですねと言われることが多いです。

上山久史専務は、「最終的に私がクビをかけてやるかどうかだけで決めるんです」と言います。金鳥にとって商戦に影響を与える重要なCM。そのCMでどうしようもないものをつくってバカ者と言われることを覚悟して、ゴーサインを出す。可能な限り少数で判断して、堀井さんのいう角が取れてしまった丸いものをつくらないような体制を取り続けています。

　ですから、社長がCMに対して口出しすることはほとんどありません。もちろん完成したCMを見て、若干の微調整を依頼されることはありますが、大筋を覆すようなことはしません。すべては宣伝部に任されています。今の金鳥宣伝部の土台となっているのは、やはり上山英介イズムというようなもの。上山英介初代宣伝部長のCMに対する考え方が受け継がれているように思います。

「CMは一五秒とか三〇秒とか、時間が決められています。あれもこれもなんか入れ出したら本当に、まっとうな形のCMにしかならないからね。だから今、どんどんWebに流れたくなる気持ちっていうのはわかりますよね。Webへの誘導広告みたいな感じのものが増えていますから。ただ、うちは広告の効果っていうのは初代のころから感じていて、だからこそそこで人がちゃんと目に止めてくれなきゃ単にお金を溝に捨ててるようなもんだという意識は強い。皆さんに見ていただこうとする気持ち。よく言えばホスピタリティと、悪く言えばちょっと引っ掛ける毒針みたいなね。そういう二つの意識をバランス良くというところはずっと意識してきました。CMは相撲と一緒。ものすごい体重のある力士と、軽い力士が同じ土俵ではっけよいのこったじゃないですか。CMだって財力のある会社と、財力のない会社が同じ土俵で戦うわけです。車一台三〇〇万円、こちらの蚊取り線香は一個三〇〇円。だから、そこでやっぱり勝ちに行くためには、気持ちだけですよ。気持ちとしたら広告表現物を一〇〇倍のインパクトにしたら互角に戦えるわけです。その尖った部分が面白かったり、何かしら興味を持っていただける世界を提供してるというか。気持ちが強すぎて、たまには世間なりお役所からお叱りを受けることありますけど。でも、なんの反応もないCM流すんやったらね、死んだほうがマシやとは言わんけど。それじゃあやってる意味もないし、残念ながらそんな大名広告っていうほどの裕福な会社でもないしってそんな感じですね」（上山久史）

こうして、金鳥のCMはつくられる

製品によってCMが完成するまでの工程が変わるということはありません。既存の製品があって毎年CMを変えていくものと、新製品の発売にあたってCMをつくるにしても、同じように進行していきます。

夏に向けてCMがオンエアされます。

そして消費者の反応や市場動向を調査して、来期はどのような方向に進んでいくのかなと市場を読んでから、その中で来年のCMはこの製品でいこうと確定するのが、八月か九月あたり。そしてクリエーターさんたちと来期に向けて打ち合わせをおこなうのが、一〇月あたりです。

まず金鳥宣伝部から、製品のファーストメッセージを伝えます。消費者のみなさんにこの製品の何を伝えたいのか。オリエンテーションを開いて製品カタログや、実物の製品を見ていただいたりしながらご説明します。

クリエーターさんとは長いお付き合いで、何度も一緒に仕事をしてきたことで生まれた信頼関係があるので、要点を伝えれば、こちらが期待を裏切らないような企画を出してきてくれますが、私たちがなぜCMをつくるのかといえば、製品を知っていただくため。製品の特長を正確に伝えるためなので、金鳥のお家芸のように思われている面白いCMであるだけでは意味がありません。ですから、製品の特長がしっかり出るようなCMに、といった要望は出します。

それらを踏まえて企画を出していただく。そのときには、こんな映像にしますよといったイメージを伝えるイラストが描かれた絵コンテを見せていただきながら、こんなテーマでつくりましたという企画意図をご説明いただきます。これは、先にも述べたように、上山英介宣伝部長の時代からのスタイルを受け継いでいます。

気を付けているのは、あまり多くを説明しすぎないことです。大きな制約はありますが、事細かく縛りを設けると、クリエーターさんの発想を阻害するというのが、基本的な考え方なんです。これは金鳥宣伝部の基礎を築いた、上山英介宣伝部長のころから脈々と受け継がれていること。

それこそ第2章で紹介した堀井組の堀井さんや石井さんが現役でいらしたころは、絵コンテ通りに撮影しなかったりといったことはありましたが、さすがに今は絵コンテにある程度忠実に撮影を行っていますので、絵コンテの段階で自由に発想いただいて、それを見ながら何度かキャッチボールをして詰めていきます。

金鳥の製品は夏に活躍することが多いので、毎年四月くらいからCMを流しますが、その前の段階で、卸店さんや小売店さんに向けた新製品発表会を行います。

この新製品発表会でCMについて、さわりだけでもお伝えできればと思いながら準備を進めていますが、なかなかこれがうまくいかないものです。全国各地で発表会を行って、新CMの感触をつかみます。やはり、大阪の人ははっきり言ってくれます。面白いものは面白い、面白くないものは面白くない。だからといって、そこでCMの内容を変えるということにはなりませんが、大阪に本社を置く金鳥にとっては、関東の人よりもあけすけにモノを言う関西の人たちにもまれて、関西の文化の中で成長させてもらったという側面は多分にあるでしょう。

二〇一六年度の夏に向けた新CMは五本ありますが、虫コナーズのCMだけはこの発表会に間に合いませんでした。すでにオンエアされているのでご覧になったかもしれませんが、長澤まさみさんと高畑淳子さんに出演いただいているCMです。監督は是枝裕和さんにお願いしました。

発表会では長澤さんと高畑さんにコメントをいただき、CMの予告編のようなものをご覧いただきましたが、毎年のことながら、すべてのCMが予定通りに完成することはなかなかありません。

難航するタレント選び「まだそこじゃない」

その中でも出演いただくタレントさんとの交渉に時間がかかります。

企画の段階で、「このタレントさんに」という案が出て、お願いしてみましょうとなると、クリエーターさんたちが実際に交渉に入ります。

「金鳥のCMに出ませんか」というところから交渉がスタートするわけですが、金鳥のCMということで何を要求されるのかと身構えるタレントさんも多いようです。絵コンテを見せてほしいと言われることもあります。絵コンテまで見たいと言われると脈ありかもしれませんが。

「俺はあんまりタレントさんとの交渉はしなかったんですけどね、山崎にタレントさんの交渉を任せてたんですよ。ある有名な女優さんでしたけどね。事務所に電話して、実は金鳥さんなんですけどって言ったら、マネージャーさんに一〇秒ぐらい笑われて、ガチャって切られたという。なんちゅうスポンサーやって思いましたよ」（石井）

ほかにもクリエーターさんと私たちの間では語り草になっているのが、あるタレントさんに

「まだ、そこじゃない」

と言われたことです。

まだ、そこじゃない。まだ金鳥ではない。だとするなら、いつ金鳥になっていただけるのでしょうか。いや、そもそも〝そこ〟扱いの金鳥って、どんな会社なのかと思いますが、金鳥のCM受けたらおしまいだ、という意識があるのかもしれません。たぬきやカッパ、変な踊りなど、コミカルなイメージがついてしまうと恐れられているのかもしれませんね。

交渉が長引いて、なかなか撮影に入れないということもありますが、是非にと喜んでいただいて、すんなり決まる時もあるんです

よ。念のため。

しかし一旦難航してしまうと大変です。

クリエーターさんたちは企画案を持ってくるときに、このタレントさんでいきたいというイメージができています。まず企画があって、こんなことを、このタレントさんに演じてもらったら面白いのではないかと想像を膨らませていきます。だから、起用するタレントさんにOKをいただかないと、企画そのものがとん挫する場合もあります。

ピンクのカッパになった山瀬まみさんは出演するかどうかを、「一晩だけ悩んだ」そうですが、金鳥のCMを受けるということは、何かしら勇気みたいなものが必要なのかもしれません。

オンエアされる瞬間、不安か期待か

そうしてCMが世に送り出されるのですが、その時は誰もが複雑な気持ちになります。

「僕らは、あとはどうにでもなれみたいな感じですよ。だってオンエアされたんだから、もうどうにもならないでしょう」（上山久史）

「もう開き直るしかないんですけど、私たちとしては狙ってる部分があるじゃないですか。それが狙いどおりに刺さっていくのか、消費者や流通関係者に。新製品発表会で見てもらって意見を聞くのですが、そのとおりの評価になってるというのが一番嫌ですよね。やっぱり期待感はあるので、実際にCMが放映された時には期待感以上の評価というのか、そこに期待があります」（北）

「僕、不安のほうが大きいです。ちゃんと受け入れられるんだろうかっていう期待半分、不安半分というんですかね。特にギリギリなことをしてるCMはそうですね。広告業界で賞を取るようなCMのときって、わりと不安が大きかったりします。そういうCMはアクが強いことが多いから。もちろんこれは大丈夫だろうと思って作ってはいるんですけども。でもどう評価されるかわかんないですからね」(小林)

一番身近にいる消費者ということで、金鳥宣伝部のメンバーは家族にCMを見てもらっています。

「うちの家族は比較的冷静というかクールなんですよ。ふーんという感じです。ある程度でき上がった段階で自分が意図したワードにどのように反応するか観察しながら見せるわけですよ。反応が弱いからといって制作を進めているCMに何か影響が出るわけではありませんが、反応を見て、これはいけそうやなとか。もっと反応しろよみたいな気持ちはあります。最も身近な消費者ですからね。ただ正直、家で見せて面白いって言われたことはほぼないですね。あんまりほめられないんです」(北)

「家族は笑いに厳しくなってきているのかもしれません。見る目がだんだん厳しく。だから世間さまの声を聞くまでは本当の評価は実はわからなかったりしますけど。あかんときはダメ出しはされますけど、ほめられることはまずないんです」（小林）

クレームには、絶対に謝らない

尖ったCMを制作すれば、当然クレームがくることもあります。

金鳥は大阪に本社を構えるので、CMはほぼ大阪弁です。その大阪弁が聞く人によっては、感じがいいと受け取られないこともあります。また、金鳥は蚊やハエ、ゴキブリに効く製品が多いので、殺虫剤のCMをたまたまお食事中にご覧になった方から、食事中にそんなCMを見たら気分が悪いなど、こちらではどうしようもないクレームもあります。

「営業として東京にいたころに、関東でCMを流さないでくれって言われたこともありますね。でも、最近あまり言われなくなって。やはり吉本に代表されるお笑いの文化が関東にも定着したこともあると思います。だから大阪弁が非常に受け入れてもらいやすくはなりましたね。単に笑いを取るのは不真面目だみたいな部分はあったんですけど、やはり笑いも生きていくためには必要なものだという理解が広がってきたのだと思います」（北）

ただ、ここに至るまでは、クレームに対応し続けた金鳥宣伝部の歴史（？）があります。

クレームを恐れず、自分たちの信じたCMづくりを貫く姿勢は昔からだったようです。電通関西支社のOBで、今も金鳥のCMに関わってくださっているワトソン・クリックの山崎さんは、こう振り返ります。

「あるとき、石井さんが制作していたCMに対して、クレーム出たらやばいなって言いだしたんです。何かちょっとやり過ぎかもしれないって、堀井さんに相談したんですよ。すると堀井さんが、ええやないか。もっと、みんな引いてるんやったら、もっとどん引きさしたらええって。もっと引かしたれよって言える強さがやっぱりあるんですよね、堀井さんには。ですが、諸先輩たちが実際に成功事例をつくったから、今があるのかなと思います」

確かに企画はクリエーターさんから発せられます。しかし、それを受けてゴーサインを出しているのは金鳥です。そこに責任を持つのは金鳥ですから、金鳥宣伝部に入ると、まず最初に謝ってはいけないと教えられます。

電話までしてくる方は、何かしら金鳥のCMをご覧になって不愉快な思いをされています。それは申しわけないことかもしれませんが、別に私たちは悪いことをしているわけではありません。ただご意見としてお聞きしますというスタンスです。不愉快になる、ならない。面白い、面白くないというのは個人の感情です。私たちは考査もしっかり受けて、法的に何も問題がないということでオンエアしていますから、CM自体が悪くて謝るということはないんです。

「わざわざ電話をかけてこられるので、CMのことすごい詳しい方が多くて。だから例えば他のCMについてこのCMをご存じですかって聞いてみたり、逆に」（小林）

もちろん最初から怒鳴りたいから、何かはけ口が欲しくて電話してこられるのだろうなと思うような人もいますが、これは金鳥に限った話ではなく、どの企業さんも同じ経験をされているはずです。

ただ、金鳥のCMに出演経験のある小林は、自分の出演しているCMに対してクレームの電話を受け取ったときは、少し困ったと話します。

「あのガラの悪い奴は何だと言われましたからね。あの俳優さんは、南大阪の方でネイティブの発言なんだって説明しましたけど。

ただ、当時小学校に通っていた子どもが、友達にお前の父ちゃんがCMに出ているだろうと言われて帰ってきたときには、正直参りました。その翌週にあった父兄参観で子どもの友達がみんなこっち向いてにやにや笑ってるんです。クレームの電話には知らんぷりして対応できましたが、あれは恥ずかしかったですね」

営業のいうことを聞いていても
いいCMはできない

面白いCMのおかげで企業としての知名度は高いかもしれませんが、会社の組織としては、そんなに大きくもないので、営業の声がダイレクトに聞けますし、当然ですが営業活動の上でCMの内容はすごく気にしています。

「これが三〇年ぐらい前だと、テレビコマーシャルをやるということは、一つの製品を採用される大きなきっかけになりました。新製品が出ればCMを展開する。コマーシャルをしていかないと、なかなか生活者にも普及していきませんので。だからCMの投入時期が、販売の重点期間に重なります。それが少しずつ世の中変わってきまして、CMでブランド名覚えてもらうだけではなかなか売れなくなってきました。名前を覚えてもらうだけのインパクトはあるんだけど、その中に使ってみたいと感じる要素を入れ込んでいくというハイブリッドタイプといいますか、そういうCMが必要になってきたと感じています」(北)

だからこそ営業マンは、製品の特長をしっかり謳うことをCMに求めがちです。小売店さんなどに説明しやすいCMであってほしいという思いは、営業担当が長かった北は、よく分かっているはずですが、

「営業にいるときはよく言われましたよ。賞狙いの話題性だけしかないから、もっと商品のことをよく説明しろとか。ただ、それを素直に説明したら、じゃ売れるかって言ったらそうでもないですし、

ＣＭで言える部分って限られてますから。でも宣伝部に配属になって、営業の言うことだけを聞いてたら、いいものはできないなと最近思いました。営業が全て、本来こうあれば売れるというものがわかっている、見えてるというわけでもありませんのでね。バイヤーさんの意見とか、コマーシャルと連動して売り場作ったときの売れ行きとか、その経験知はありますが、そういうものを参考にしつつ、自分で判断していかないといけないとは思います」

だからこそ、ＣＭの影響もあって製品が売れたときはとても嬉しいものです。

「営業から、あのＣＭ効果で売れてますよと言ってもらえるのが一番嬉しいかな。宣伝部に来て何が一番自分としてやりがいかっていうと、営業のときも当然商談で自社製品のことを説明できるわけですけど、やっぱり宣伝に来るとマス媒体で一般の生活者の方にそれを伝える仕事ができるということ。僕はもう就職活動は金融とか商社とか全然苦手で、ああいう何か紙の上でものを動かすというのが。とにかくものづくりの会社に入りたくて、そこでメーカーに入って。入ったらやっぱりつくってるものをいかに伝えていくかという仕事がしたくて、その結果として営業からコマーシャルがよく伝わって売れてますと言ってもらうのが一番ありがたい」（北）

第四章　かくして、金鳥の夏は日本の夏になった

賞を取るためにやっているわけではない

数々の受賞歴

金鳥のCMは数々の広告賞を受賞させていただきました。

金鳥のおもしろCMづくりのきっかけにもなった「キンチョール」の「ルーチョンキ篇」が一九六六年にOCC賞を受賞したことを皮切りに、毎年何かしらの広告賞を受賞しています。

OCC賞とは、大阪コピーライターズ・クラブが開催している広告賞のことです。一九五五年に設立された大阪コピーライターズ・クラブは、大阪を中心とした企業やフリーランスの親睦団体で、私たちも何度も受賞させていただいています。

ほかにも、

・「亭主元気で留守がいい」で流行語大賞もいただいた「タンスにゴン」（町内会篇）一九八六年ACC優秀賞、ACC話題賞、ACCタレント賞（木野花）、日本流行語大賞流行語部門・銅賞

・沢口靖子さんの新たな一面を引き出した「タンスにゴンゴン人形用」（人形篇）二〇〇〇年ACC金賞

・今は亡き大滝秀治さんと岸部一徳さんが父子水を演じた「キンチョール」（つまらん篇）二〇〇三年ACCゴールド

・もう二度と味わえない、いとしこいしさん「キンチョール」（いとしこいしの説教篇）一九九三年広告電通賞

・藤原紀香さんの結婚を祝った新聞広告「蚊に効くカトリス」二〇〇七年度読売広告大賞優秀賞

・クレームおばさん山埜さんの「コバエがポットン」（ご意見篇）二〇一一年ACCゴールド

蚊に効くカトリス新聞広告

二〇〇七（平成一九）年に掲載された新聞広告。当時、CM出演していた藤原紀香さんへの結婚のお祝いと宣伝広告の融合は秀逸。

オンエアできないCMは、ウェブでも

ここは、ある街角にある便器にも似た外観をもつバー「サンポール」。そこで毎週金曜日の夜にワンマンライブを行っているのが、黒いサングラスがきまっているブルースマン・ベンキーシロイシです。

歌手を目指したころ悔しい思いをたくさんしたというベンキーシロイシが、思いのたけをギター一本で歌うのは「お金持ち」、「黄色いもの」、「おふくろ」、「強情な友」。そして、CMで流れる「さよなら」です。

彼女が黄ばんだ便器にサンポールで書いた
さよならの文字は白かった

テレビCM用には一五秒の「さよならの文字篇」。そして金鳥の公式サイトでご覧いただけるのが、ベンキーシロイシの名曲五作品

をじっくり聞いていただける「Web限定ロングバージョン篇」です。四分二〇秒という、テレビではとても流せない長さですから、ウェブで見ていただくことを念頭に制作しました。

酸の力とマイナスイオンの相乗効果で便器のがんこな黄ばみを落とす「サンポール」ですが、その威力を便器自身に語ってもらおうと考えたのが、ベンキーシロイシのシリーズ。何とも味のあるアニメの原画は制作スタッフの手描きです。

ワトソン・クリックの中治さんと、電通関西支社の古川さんによるCMですが、このCMも反響が大きくて、Web限定ロングバージョンが二〇一四年にOCCクラブ賞、TCC賞（東京コピーライターズクラブ）、二〇一五年にACC（全日本シーエム放送連盟）でゴールドを受賞しました。

一五秒、長くて三〇秒というテレビCMの時間では、言えることがどうしても限られるので、CMの最後に「続きはウェブで」と、ウェブ上で公開してあるCMにつなげるような手法はよく見られま

サンポール
「ベンキーシロイシシリーズ」

二〇一四（平成二六）年に放映されたサンポールのCM。制作スタッフの藤井亮氏が手描きで作った原画をもとにした、アニメーションによるCM。便器をモチーフにしたキャラクターであるいぶし銀のブルースマン、ベンキーシロイシが、金曜の夜にバー「サンポール」で思いのたけを込めた歌をギター一本で弾き語ると言った内容で、独特のしっとりとした歌声と、つい吹き出してしまうくだらない歌詞のギャップが笑いを誘う。

す。しかし、「さよならの文字篇」に関しては、そういったことは一切行なっていません。

売上が、一番の判断基準

勘違いされては困るので、ここははっきりとお伝えしておきます。確かに金鳥は面白いCM、インパクトのあるCMにこだわってはきましたが、「今年は面白いCMができて良かったな」で、すべてがOKというわけではありません。

CMは何のためにあるのか。

それは製品を売るためです。金鳥の製品を消費者の皆さんに知っていただき、買っていただくためにCMはあります。CMの評判もよくて、製品も売れたというのが一番ありがたいことですが、毎回そんなふうに簡単にはいきません。CMと売上が完全に連動するということは、これだけ長くCMをつくり続けていても、滅多にありません。

ただ製品の売上が思うように伸びなかったのは、CMのせいだけでなく、そこにはさまざまな理由が絡んでいるはずです。ですからCMの好感度などをアンケート調査で行ったとしていても、その数字だけでは見えてこないことがたくさんあります。

例えば金鳥のCMが、名誉ある広告賞をいただいたとしても、宣伝部員への報奨等は一切ありません。私たちは自社製品が売れることに注力しているわけですから、それこそ自社製品が他社の類似品を抜いて圧倒的な売上をたたき出したら、よく売れた地域や販売店の営業担当者は評価されますが、CMが広告賞を受賞したとしても評価を受けることはありません。

「金鳥のCMが、総務大臣賞をもらったときも、社長に報告したら、『おお、そうか』で終わりましたからね。でもウケて当たり前っていうか、CMが良くて当たり前だっていうのがうちの会社の考え方ですから。僕がこの宣伝部に来たときに前の上司に最初に言

われたのは、最低でも八〇点を取る仕事をしろ、でした」（小林）

クリエーターさんたちは、賞を取りたいと思っているかもしれませんが、広告賞は二次的なもので、全く狙ってはいません。ただ、賞を受賞するくらい注目されるＣＭなら、製品の売上にも少なからず影響があるので、ＣＭはもちろん大事。そのＣＭの中にいかに製品の特長を盛り込むか、クリエーターさんが提案してきた企画を、その方向へとコントロールすることが金鳥宣伝部の仕事と言えるのかもしれません。

「要は広告で引っかけるところが膨らみ過ぎたら、製品の世界が小っちゃくなるわけじゃないですか。だからそのバランスですよね。ある程度広告に注目してもらって、製品を覚えてもらわなきゃいけないわけで。広告だけ引っかかって終わりでは意味がない。ワーって、面白いなという面が半分。金鳥の広告だよねとわかる面が半分。他社がどう考えているのかは分かりませんが、企業とクリエーター側の考えていることが五分五分ぐらいでバランスがとれる

ように考えています」（上山久史）

「露骨に商品を売ろうとしたCMは見てもらえないですから。これは何か押しつけがましいなと思われたら、もうその時点でCMとしては失格です。作り手に「楽しんでもらおう」という気持ちがなければ見てはもらえないですから。その辺のさじ加減だけだと思うんですよね。売らなきゃいけないし覚えてもらわなきゃいけない。とにかくこっち振り向いてくださいっていうのが作り手の中にありますよね」（小林）

今まで、これは素晴らしいマッチングになったと思えたのは、北斗晶さんにご出演いただいた「ティンクル」（二〇〇五年）のCMと、虫コナーズの最初のCM（二〇〇七年）が思い出されます。

「『ティンクル』は、私が東京で営業していた頃に重なるんですけど、CMが入り出した瞬間にPOSデータが前週比で大きくハネ上がるんですよ。通常は年末に向けてだらだらと山になっていくんですけど、いきなり一週間に三〇〇本売れていたのが一二〇〇本とかになって、確かにこれは宣伝効果やなって思いました。『ティンクル』は、CMを流す前から販売されていた製品なので、あれは本当にCMの力。もともと商品力はあったのですが、その魅力が伝えられていなかったということなんでしょう。

結果的に生産が追いつかなくなり欠品して、欠品するのはCMのせいだと販売店さんから怒られました」(北)

二五〇人の主婦が踊るというインパクト

もう一つ、CMとのコラボレーションが成功した例として「虫コナーズ」を挙げたいと思います。「虫コナーズ」のシリーズは、歌って踊るCMとして、非常に評判の良いCMです。主婦と思わしき方が歌って踊っているという、それだけですが、ベランダや玄関先といった使う場所もわかりやすいし、印象に残ります。あのCM

で虫コナーズの印象は、より強く消費者の皆さまに浸透したと感じています。

「虫コナーズは、CM開始直後からインパクトのあるCMでしたが、『虫コナーズ』というネーミングも良かったのだと思います。覚えやすいから波及しやすい。虫コナーズ＝ぶらさげておけば虫が来ないっていうのはすごくイメージしやすかったんでしょう。でも裏話ですが、虫コナーズは当初、バイヤーさんなどからは好感が得られていませんでした。『こんなもん売れるか！　金鳥さんが発売する意図が分からん』と散々な言われようでした。しかし店頭に陳列されるやいなや、一気に売れ始めました。CMを流したのが四月ですが、一気に売れたので、ゴールデンウィーク前になると相手の態度が真逆になって、少しの数でもいいから製品を回してほしいなんて言われるようになりました。ゴールデンウィーク中も携帯に電話かかってきて、私は対応に追われて大変でしたよ」（北）

クリエーターさんが、購買意欲に一番ささるワードを的確に見つ

虫コナーズ「大集合篇」

二〇一五（平成二七）年に放映された虫コナーズのCM。虫コナーズの二五〇日間の効果の持続にかけて、二五〇人の主婦が歌に合わせて踊るという内容。シリーズ三作目から商品の効果と用途を直接的な歌詞にして歌って踊るというインパクトの強いものに。一九八〇年代アイドル風やジュリアナ風、テクノ風などさまざまなパターンが存在し、その集大成として「大集合篇」では三分近いWeb版も作成し、多くの視聴者に強い印象を残した。

け出してくれて、それをどういうふうに伝えるかというのが大きい要因になるのだとは思いますが、そのためにはクリエーターさんが金鳥の社員と同じレベルで製品を理解することが求められます。だから、そこは制作チームとのコミュニケーションがとても大事です。

寒さとの闘い 屋外撮影

こうしたCMの数々は、春先からのオンエアに向けて制作するので、撮影はほぼ真冬です。屋内での撮影であれば問題ないのですが、屋外で撮影されるCMも多く、寒さとの闘いを強いられます。

「コンバットの『イチコロビクス篇』の撮影のときに、海岸でエアロビクスしているという設定だったのですが、真冬で大強風と雪。雪の降ってない合間を狙って撮ったっていうのがありまして。見ているだけでも寒いんですけど、出演される人たちは、エアロビクス

コンバット「イチコロビクス篇」

二〇〇五（平成一七）年に放映されたコンバットのCM。外国人のエアロビクスインストラクターが踊っている姿を、「一度で二度効くコンバット」の特性に合わせて倍速で再生するという内容で、商品と関係のないインストラクターの切れのあるエアロビと、妙にマッチした商品説明のナレーションが秀逸である。

当日は時折雪がちらつく強風化の撮影で、バックに映る船の旗のたなびきと、船が港の中で流されていく姿からも察せられる。出演者はエアロビクスの服装故の寒さに苦労した。

の衣装で踊っていたので、相当寒かったはずです。目の前にあるものが飛んでいくぐらいの強風で、最悪でした。少し踊っては、すぐにバスに戻って待機したりして、寒さをなんとかしのぎながら撮影しました」（小林）

夏を想定したCMが多いので、出演者の皆さんは薄着です。そのため、金鳥のCM現場は寒さや天候との闘いということになります。

アクの強いタレントでも、嫌味にならない演出

今が旬のタレント起用

新垣隆です
コンバットは巣ごと丸ごとゴキブリ退治
その感動を私が曲にしました

二〇一四（平成二六）年に、長年ゴーストライターを務めていたことを公表した作曲家の新垣隆さんの演奏は重厚感があって、とても印象的です。この「コンバットミュージック篇」は、二〇一五年のCMなので、皆さんの記憶に新しいところでしょう。

「新垣さんのCMなんかは、時代を反映してて、今このタイミングだから面白いと思える人なわけで、来年も使えるかどうかは微妙だと思いましたが、やっぱりCMってそういうとこありますよね。このチャンスにこれをやったらインパクトが狙えるという」（上山久史）

これまでも、金鳥のCMには幅広いジャンルの著名人に出演いただいています。自社のイメージアップのためにタレントさんを起用するので、一般的にはできるだけ印象のいいタレントさん、スキャンダルの少ないタレントさん、お茶の間への好感度が高いタレントさんが起用されることが多いですが、例えば岡本夏生さんや、スプレー一発で蚊がいなくなるという「蚊がいなくなるスプレー」にかけて、一発屋と言われたお笑い芸人のダンディ坂野さんや鼠先輩（実際に一発屋かどうかはわかりませんが……）にもご出演いただくなど、その方のイメージを逆手にとって、半ば自虐的な笑いを演出することもあります。これらのCMは、時の人であった新垣さん

コンバット
「コンバットミュージック篇」
二〇一五（平成二七）年に放映されたコンバットのCM。当時、全聾の作曲家として話題をさらっていた佐村河内守氏のゴーストライターとして脚光を浴びた新垣隆氏が、コンバットをモチーフに作曲した曲を演奏するといった内容で、新垣隆氏の重厚な演奏もさることながら、そうしたスキャンダラスな騒動に関係した人物をキャスティングしたCMは、視聴者の注目を集め、非常に大きな反響を呼んだ。

の起用とは、また逆のアプローチといえるかもしれません。一時期、一世を風靡されたけれど、今は一番良い時期と若干状況が変わっているタレントさん、最近あの人はどうしているのかなと思われがちなタレントさんにご出演いただくことで、シュールな世界が生まれます。

また、時代を反映して時代の象徴的なものを反映したCM、パロディー性の高いCMも手掛けています。

例えば、沢口靖子さんのゴンゴンシリーズ「会議篇」（二〇〇一年）。沢口さんが、国会審議の場で発言するという内容でしたが、当時、田中眞紀子議員が大臣に就任していたので、一歩もひかないような、気の強い女性の政治家というイメージが田中眞紀子議員の印象と重なったと思います。

稀なタイミングも逃さない

こんなこともありました。

金鳥のCMに出演中だった女優の藤原紀香さんが、お笑い芸人・陣内智則さんと披露宴を行なう日の朝刊に新聞広告を掲載しました。

「藤原紀香さんおめでとうございます」

と大きく書かれた新聞広告は、「蚊に効くカトリス」のCMの一環でしたが、これが読売広告大賞の優秀賞をいただきました。CMにご出演いただいている藤原さんへの祝辞という内容ですが、やはりこれはCMです。しっかりと製品のPRを行っています。

披露宴の日に新聞広告をぶつけるという、とても稀なタイミングを逃さないことで得られたインパクトは相当であったと思います。現に広告賞という評価をいただいたのですから、クリエーターの演出力というのでしょうか。卓越していると感じるのです。

「あれは話題性への乗っかりです（笑）。でも、その日限りの一回性の強さや即時性は新聞ならではのものですね。あと、新聞は書き手と読み手の距離が近くて、対話が成り立つ気がするんです。例えば、連載小説風の広告でも雑誌より新聞のほうが、読むということに対して読者が好意的な感じがしますね」

（読売ＡＤリポート二〇〇八年一〇月 http://adv.yomiuri.co.jp/ojo/02number/200810/10interview.php）

この広告を担当した電通関西支社の直川隆久さんは、受賞後のインタビューでこう答えています。披露宴の日程が発表されたときに、思いつきで提案したところ、当時の山崎宣伝部長の即決で決まりました。会社名ではなく、社長の名前で祝辞を出すことで話題になったことは、間違いありません。

アクの強い旬のタレントさんを起用する。タレントさんの結婚式という、プライベートな出来事もＣＭの世界に取り入れる。そうしたチャレンジ精神や、効果的なタイミングを逃さないというクリエーターさんの遊び心。もちろん最終的に私たちが提案されたものを許可するからＣＭは成立しているのですが、クリエーターさんたちの提案なしに、印象に残るＣＭは誕生しないのだということを感じさせます。

第五章　天野祐吉　ＣＭ天気図

天野祐吉　CM天気図

辛口・天野先生も絶賛した金鳥CM傑作集

「CM天気図」は、『広告批評』の創刊者であり、コラムニストでもある天野祐吉先生によるCM批評です。一九八四(昭和五九)年に朝日新聞誌上で連載が始まって以来、二〇一三(平成二五)年に天野先生が亡くなる直前まで約三〇年間続いた人気コラムでした。

ホットな話題や時事を絡め、時には世相を皮肉りながら、その当時放映されていたCMを鋭く斬った批評は、今読み返してみても非常に納得させられます。

大変光栄なことに、金鳥のCMもこのコラムで何度も取り上げていただき、独特の語り口で批評をいただきました。

ここでは、当社のCMが扱われた歴代コラムの中から、辛口の天野先生が特に高い評価を下したものをピックアップし、当時、実際に掲載された内容を傑作集としてご紹介したいと思います。

【プロフィール】

天野祐吉（あまの　ゆうきち）

一九三三(昭和八)年生まれ、東京市足立区(現・東京都足立区)出身。株式会社創元社、株式会社博報堂を経て、マドラ出版株式会社の設立に参加、一九七九(昭和五四)年に雑誌『広告批評』を創刊し、初代編集長となる。同誌では広告を単なる宣伝としてではなく、表現の一分野として批評し、一九八〇年代の広告ブームやサブカルチャー全盛期において、リーダー的な役割を担った。一九八四(昭和五九)年から、朝日新聞において軽妙な語り口でCMを語った、「私のCMウォッチ(後のCM天気図)」の連載を開始し、亡くなった二〇一三(平成二五)年までに、一一三三回の連載があった。

2000・2・20　朝日新聞

変わりびな

色あざやかなひな人形たちのCMで、テレビのなかが急に春めいてきた。

それにしても、いつごろからひな人形たちは、こんなに派手になったのか。むかし、秋田の友人の家で見たひな人形（一対の内裏びな）は、たぶん大正期に作られたものだろうが、地味というか渋いというか、美しい顔にどこかさびしげな表情が同居していて、その品位の高さにびっくりした。

それから見ると、いまのCMのなかのひな人形たちは、華やかだけれど、奥行きがない。こんな人形たちも、どこかで時代の空気を呼吸しているんだろうか。

そう言えば、とんでもないひな人形もいる。いろんな人形たちが雑然と放りこまれたタンス（押し入れかな）のなかで、沢口靖子そっくりのひな人形が、まわりの人形たちに、言いたい放題の悪態をついているのだ。

頭の上にずり落ちてくるフランス人形を「ちょっとー、服の虫がつくでしょ、あっち行ってー」と押しのけ、足元でもぞもぞしている内裏様を「おっさん、うっとうしい！」とじゃけんにけとばし、鼻先に侵入してきた兵隊人形の靴をにらんで「クッサー、もうこれだれの足よ！」と払いのける。ガングロのコギャルたちも、顔色なしの大迫力である。

で、これがよく見ると、やっぱりあの沢口靖子である。で、「タンスにゴンゴン、人形用ゴン、新発売！」という、これは金鳥の新製品のCMだった。

いまどきは、ひな人形もけっこう値が張る。そこにまた家紋なんか入れてもらったら、家が文なしになってしまうくらいお金がかかったりする。だから、こういう商品が、時代への皮肉もちょっぴりふくめて出てくるのはわかるけれど、こんな行儀の悪いひな人形まで出てくるとは思わなかった。

それも、沢口靖子である。虫も

殺さぬ顔をした沢口をわざと殺虫剤のCMに引っぱり出し、とかく人形のように扱われがちな彼女にことさら人形の役を、それも行儀の悪い人形の役を振ったりするところが、いつもながらの金鳥流ということになるんだろうか。

　というわけで、言ってみればここには、タレントへの微妙な〝悪意〟がひそんでいるのだが、そんなイジワルを知ってか知らずか、彼女はチョー然とその〝期待〟にこたえている。そこがまた、この人のふしぎさというか、すごさであり、このCMのおもしろさだと言っていいだろう。

　カッパの川流れの山瀬まみちゃん（キンチョウリキッド）のようなとぼけた味はないけれど、この人形姫も、タンスの隅においておくにはちょっともったいない〝大物〟じゃないかと思うよ。

▼111ページ

2003・5・1　朝日新聞

つまらん！

お寺の境内にすわった親子。

「キンチョールはどうして水性にしたんだ?」と親父《おやじ》。

「それは地球のことを考えて、空気を汚さないように……」と理由を説明しようとする息子をさえぎって、親父が叫ぶ。

「つまらん！　お前の話はつまらん！」

　これには境内のハトも驚いたろうが、ぼくも驚いた。なにせ、親子が大滝秀治さんと岸部一徳さんという組み合わせである。ただではすまないと思っていたが、まさかこうくるとは思わなかった。

　一徳さんの答えは、一見マットウである。が、だいたいぼくらはそんなモットモらしい話を聞くためにCMを見ているんじゃない。せめて「ほかに思いつかなかったんでしょう」とか「やぶれかぶれなんじゃないですか」くらいのことは言ってほしいのだ。

　で、これははっきり言っておくが、そのほうがCMとして本当はマットウなのである。その点で大滝さんの「つまらん!」は、一徳さんの答えにだけでなく、世間のもっともらしいCMのすべてに向けられていると言っていい。

　それはまたCMだけではない。たとえば、テレビのワイドショーに出てくるコメンテーターのコメントなんかも、同じ意味でつまらないものが多い。

　政治家の金にまつわる不正について聞かれると、「国民の血税をなんと思っているんですかねえ」とくる。アメリカのラムズフェルド国防長官の「北朝鮮の取引にはいっさい応じない」というコワモテ発言には「なんとか話し合いで解決してほしいですね」と、子供でも言えそうなお座なりコメントでお茶をにごす。

「つまらん! お前の話はつまらん!」と、そのたびにぼくはテレビに向かって思いつづけているのだが、大滝さんはまさにそんなぼくらの思いを、はっきり声にしてくれたようなものだ。

　そう言えば、ラムズフェルド国防長官と「スターウォーズ」に出てくる皇帝が似ていると「広告批評」に橋本治さんが書いていたのは面白かったけれど、ワイドショーでラムズフェルド長官の発言にコメントを求められたら、「あの人って、考え方まで〝スターウォーズ〟の皇帝にそっくりだね」なんて答えたほうが、お座なりなことを言うより、まだマシなんじゃないだろうか。

▼115ページ

2011・5・18 朝日新聞

大問題

テレビに戻りつつあるふだんの番組を見て、作家の橋本治さんが「大震災関係の番組と普通の番組との間にギャップがありすぎるのではないか」と『中央公論』6月号の時評で言っている。

　普通に戻るのはいいが、その普通は大震災前の普通でいいのか。大震災前の普通は、本当に普通だったと言えるんだろうか。そういう橋本さんの指摘は、テレビ番組だけでなく、CMにも通じる大きな問題だ。

「これは大問題ですよ!」

そんなときだけに、「コバエがポットン」（キンチョウ）のCMはなかなか面白かった。

流しの三角コーナーに捨てられたバナナの皮と、それにたかるコバエを見ながら、中年の主婦が電話をしている。

「もしもし、昨日そちらでバナナを買ったんですけどね、食べたね、バナナの皮にですね、コバエがたかってるんです。お宅のバナナの皮にはコバエがいっぱいいるんですよ。どういうことですか。大問題ですよね」

いるんだよね、こういうの。やたらに文句つける人。イバッて文句つけるのが消費者だと思っている。それが普通だと思いこんでいる。そのほうが大問題だ。

企業に文句を言うのは大切なことである。が、自分に文句をつけるのも忘れちゃいけない。もしかするとぼくら自身が、どこかでコバエの奥さんになっているかも知れないのだ。

キンチョウのCMには、ときにスルドイ消費者批評が含まれている。いまCMにとって大切なことは、ぼくらが普通だと思いこんできたことの再点検だろう。

そう、三角コーナーにバナナの皮を捨てっぱなしにしておくのはよしましょうね、奥さん。

▼136ページ

1997・4・27 朝日新聞

「あ、カッパだ!」

前からそうじゃないかとニラんでいたが、やっぱり山瀬まみは妖《よう》怪《かい》だった。

うそだと思う人は、キンチョウリキッドのCMを見るがいい。茂みのなかの水辺で、黄色いアヒルの子たちに講義をしているカッパのまみに会えるだろう。

「キンチョウリキッドはね、水で

できているの。油じゃなくて、水でできているの。(アヒルがガーガー)水じゃなくて……あ、油じゃなくて、水でできているの。先生まちがえた。反対。油じゃなくて、水でできているの。わかった?あなた、いい子ね。(アヒルがガーガー)」

いや、その姿の異様なこと。なにしろ、ピンクのからだに、まっ青なおかっぱ頭。で、何がうれしいのか、顔じゅうクシャクシャにして、アヒルの学校の先生をしている。

ま、へんなカッコをしているというだけなら、そんな人はほかにもたくさんいるだろうが、まみちゃんの場合は、そのカッコがすごく似合う。あまりに似合うので、もともとこの人は、こういうカッコをしていたに違いない、と思えてくる。と同時に、このカッコのときのほうが、身のこなしや表情が、いつもよりずっといきいきと見えてくるのだ。

さらにもう一つ、まみちゃんが妖怪である決定的な証拠は、CMのせりふを言いまちがえても、それも「水」と「油」をまちがえるというでっかいミスを犯しても、ヘラヘラしていることである。もしかしたら、これはわざとまちがえたのかも知れないが、とにかく人間界のワクにとらわれないそんなのびやかさが、彼女がれっきとした妖怪であることを、りっぱに証明している。

妖怪というのは、人間界のジョーシキというモノサシでは割り切れない部分や、ハミ出してしまう何かを持っている生き物である。その点で、子どもはみんな妖怪だとぼくは思っているのだが、それを大人になっても持ちつづけるのはたいへんむずかしいし、さらにそんな妖怪性をいきいきと表現できるタレント性を持った人となると、これはかなり限られてくる。まさにまみちゃんは、そんな本来のタレント性を持ったタレントだと言ってもいいだろう。

それにしても、ピンクカッパの山瀬まみといい、先輩カッパの近藤正臣といい、あるいは足ツボマッサージをしてもらって「痛い、痛い！」と怒っている野村サッチーや桃井かおりといい、金鳥のCMの作り手たちは、かわいい妖怪からへんな妖怪まで、いろんな妖怪を探し出す不思議な能力を持っている。もしかしたら、彼ら自身の正体が、金鳥山に生息するCM天狗《てんぐ》だったりして。

▼153ページ

2012・7・11　朝日新聞

しぶとくなくっちゃ

広告のお勉強最終回の第3回です。きょうのテーマは「タレントCM」。タレントさんの人気や知名度の高さを利用して商品を売りこもうとする広告の形式です。

日本のテレビCMのほとんどはこの形式ですが、そのほとんどはつまらない。能がない。タレントの人気や名前におんぶしているだけで、なんの芸もない。とくにひどいのは、人気のあるタレントさんに、われもわれもと群がって、結局どこの会社の何のCMだか、さっぱりわからなくなっているようなケースですね。

ああいうCMをやっている企業は、商品の広告をしているというより、自分の無能さを広く世の中に広告しているようなものだと言っていいでしょう。

もちろん、その一方で、すぐれたタレントCMもあります。タレントさんの意外な一面を引き出したり、タレントさんのマイナスイメージをプラスにひっくり返したりすることで、人びとの目を引き寄せてしまうCMです。

最近のいい例は、岡本夏生さんの「ゴキブリがいなくなるスプレー」でしょう。商品の「ゴキブリがいなくなるスプレー」を台所にシューシューした岡本さんが、床にどっかりあぐらをかいて、大声でこう言う。

「あたしはいなくならないわよう、アッハッハッハッ！」

説明はいらないと思います。消えたと思っていても消えていない岡本さんのしぶとさを、ゴキブリ以上のしぶとさとして賛美（？）しているCMですが、こういうCMはタレントさんを生かし、キンチョウを生かす。死ぬのはゴキブリだけという、しぶといタレントCMだとは思いませんか。

ま、仕事も恋も原発デモも、こういうしぶとさが大切なんでしょうね。

▼207ページ

2007・6・5　朝日新聞

便乗の親玉

便乗は広告のお家芸である。世間の話題にチャッカリ乗る。シレッと乗る。それこそ広告芸の神髄と言っていい。

というわけで、藤原紀香の結婚披露宴にキンチョウが抜け目なく乗った。テレビ局が2時間余りも中継するんだから、これはもう国民的イベントなんだろう。便乗も派手に、披露宴当日の新聞1ページを使ってのご祝儀広告となった。

と言っても、そこは便乗の親玉、素直なお祝い広告ではない。朝日新聞の読者なら99％は見て、99％は大笑いしたと思うが、「藤原紀香さん、おめでとうございます」にはじまって、こうつづく。

「（前略）藤原紀香さんのすばらしい点は、つねに新しいことにチャレンジなさる、その前向きさとバイタリティです。〝お笑い系〟という言葉でくくられることの多い我が社のコマーシャルにあえて出演をきめられたことも、その表れでしょうね。（中略）気のきいたお祝いの言葉を差し上げたくて頭を悩ませ〝はばたけ、紀香さん。はばたくな、蚊〟というフレーズはどうだろう、と役員会で提案したのですが却下されました（後略）」

ホメているのかチャカしているのか、お祝いにかこつけてしっかり商品を売りこむ。これぞ「軒を借りて母屋をとる」便乗広告の極意である。

これも見た人が多いと思うが、いまテレビでは藤原紀香と大友康平の「カトリス」のCMが流れている。「こんなもんが効くのか」という大友に、「あんたのその疑《うたぐ》り深い目が……好き！」と紀香が抱きつくというアレである。

ま、アレ自体もけっこう笑えるが、この新聞広告で、その効力がぐんと増したように思う。高いCMの出演料を払っても、ちゃんとモトをとるしたたかさに敬意を表して、「キンチョウさん、おめでとうございます」。

▼209ページ

第六章　金鳥が追い求めた、日本人の夏

ノスタルジックな日本の夏との決別

蚊取り線香愛用者がイメージタレント

「金鳥の渦巻」は、販売が始まって一〇〇年以上経つという、名実ともに金鳥の看板商品です。一九五五年にテレビCMを初めて制作したのも「金鳥の渦巻」ですし、「金鳥の夏、日本の夏。」というコピーとともに毎年CMがオンエアされ続けているという、夏の風物詩的な存在でもあります。

イメージタレントとして美空ひばりさんにご出演いただいてから、実にさまざまなタレントさんにご登場いただきましたが、現在のイメージタレントを務めるのは、過去のシリーズの中でも珍しい

樋熊哲夫（ひぐま てつお）

一九五九（昭和三四）年生まれ、東京都出身。一九八一（昭和五六）年に早稲田大学商学部を卒業し、株式会社博報堂に入社する。主にテレビのCMプランナーとして活躍を重ね、一九八八（平成元）年に関西支社に転勤し、現在に至る。語呂合わせをベースにしたコピー、企画、商品名開発を得意とし、一九九一（平成三）年にはACCグランプリと電通賞グランプリを受賞、一九九二（平成四）年にはカンヌ金賞を受賞するなど、その後も多数の受賞経験あり。

男性、俳優の藤原竜也さんです。

　藤原竜也さんは、以前から「金鳥の渦巻」を愛用していただいているそうで、博報堂関西支社のクリエーター・樋熊哲夫さんの奥様が、「笑っていいとも」にご出演されていた藤原さんが、蚊取り線香を愛用しているという話をしていたのを見たことがきっかけになり、ご縁をいただきました。

「藤原さんは、かなりお酒の好きな方で、お酒を飲みながら蚊取り線香の香りを楽しんでいるというお話をなさっていたんです。長期ロケのときには、一缶持っていくともおっしゃっていて、ぜひと思いました。

　実際に撮影現場でお会いしてびっくりしたのですが、蚊取り線香ってご存じのように渦巻きに打ち抜いたものが二枚組み合わさってますよね。あれ正しい外し方をしないと折れることがあるんだけど、藤原さんはどんな外し方でもいいとも簡単にスパッと外せるんで

金鳥の渦巻
「高いのはなぜでしょう篇」
二〇一六（平成二八）年に放映されたCM。

す。その姿を見て、金鳥さんも驚かれていました。好きこそものの上手なれじゃないけど、こんな見事に蚊取り線香を扱う人は初めて見たんですね。で、ますます金鳥さんと藤原さんとの距離が縮まりました」（樋熊）

これほど弊社の製品を愛用していただいている著名人にお会いしたことがなかったので、非常にインパクトがあり、藤原さんにCMに出演いただけているのを、金鳥宣伝部は非常に喜んでいます。やはり製品を愛してくださるのは、メーカー冥利に尽きますし、現場で新製品をご紹介すると、藤原さんは本当に興味を持ってくださるんですよ。

藤原さんが舞台に出演される時には、その公演プログラムに広告を出させていただいていますが、そこも「金鳥の渦巻」制作チームのささやかな交流の場になっています。樋熊さんが、広告に必ず金鳥らしいダジャレを忍ばせてくれているのです。

『ろくでなし啄木』の協賛広告

二〇一一（平成二三）年の舞台「ろくでなし啄木」の協賛広告。

『ジュリアス・シーザー』の協賛広告

二〇一四（平成二六）年の舞台「ジュリアス・シーザー」の協賛広告。

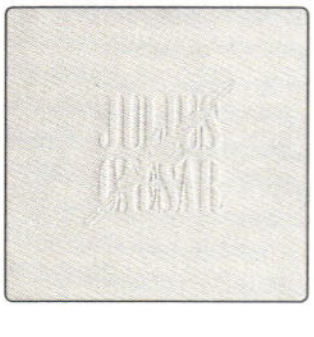

藤原さんの舞台の内容や役柄に合わせて、毎回趣を変えたダジャレが登場するので、藤原さんも楽しみにしてくださっているようです。

「僕はむしろ、こんなくだらないダジャレをプログラムに載せやがってと怒られるかと思っていましたよ。僕はまじめに考えているんですけどね。一番のお気に入りは、「冬も　炊く　ボク（冬も啄木）」ですね。我ながら名コピーですよ。「ブルータス、お前も蚊」。それから、ハムレットのときは「生きる蚊、死ぬ蚊。それが問題だ」にしました。一般の方は協賛企業の広告なんかまで細かく見ていらっしゃらないかもしれませんが」（樋熊）

ノスタルジーはいらない

それまではジャズバイオリニストの寺井尚子さんにご出演いただいていて、CMの中ではバイオリンも演奏していただきま

『HAMLET』の協賛広告

二〇一五（平成二七）年の舞台「HAMLET」の協賛広告。

『ムサシ』の協賛広告

二〇〇九（平成二一）年の舞台「ムサシ」の協賛広告。

した。

評判は良かったのですが、長くご出演いただいていたので、また趣の違う「金鳥の夏」を見せたいという気持ちが芽生えていたところに、偶然藤原さんの話を聞き、ご出演いただくことで、金鳥の世界観がさらに広がったように思います。

「昔はご存じのようにまさに『金鳥の夏、日本の夏。』に落とし込むような古きよき日本の夏の風景、夏の夕方みたいなシーンで切り取ってましたよね。例えば屋形船とかお祭りとかに代表されるシーンを使ってましたが、今はそんなCMづくりはしていません。僕が金鳥さんの撮影チームに入ったときは、日本の風物詩を映像で見せるというシリーズから、少しずつ変化しているときでした。そこから少しずつ現代生活にシフトしていっているのですが、「金鳥の渦巻」は、金鳥さんにとって一番大事な製品です。だから、それなりの品位や質感というものには気を付けています。

ただ、ノスタルジックではない。ノスタルジックはむしろ排除してるんですよ。金鳥さんからも、今の暮らしの中で若い人にも使ってほしいという思いを強く感じます。実際に高い殺虫効果がありますし、今の暮らしの中でもちゃんと役立つもんなんだということをお伝えしたいという気持ちでCMを制作していますね。とくにここ数年、今の暮らしにちゃんと生かせる蚊取り線香なんだっていうことをより強くアピールすることにシフトしてきたように思います。そこで、皆さんが蚊取り線香と聞いてイメージされるような、昭和っぽい風景、日本の原風景をCMに流すということはやめました。

むしろCMでは今の夏を表現しています。『金鳥の夏、日本の夏。』って言ってるけども、『金鳥の夏、日本の今の夏。』ですね。今の日本で、ちゃんと今の日本の夏にしっかり蚊を落とすものだということをCMで伝えたいですね。ただ常にプレッシャーは感じています。本当に長く弊社にご依頼いただいていて、金鳥宣伝部のみなさんが、僕らのことを尊重してくださっている

ので、絶対にいいものをつくりたいという気持ちが常にあります」（樋熊）

蚊取り線香を古臭いものだと思っていらっしゃいませんか。おばあちゃんの家にあったもの。都会ではなかなか見ることがなくなった縁側のある家こそふさわしい製品だと思われていたら、かなり心外です。「金鳥の渦巻」は、改良を重ねてここまで来た製品ですし、「ローズの香り」や「ラベンダーの香り」といった、従来の香りとは違うタイプの新製品も登場しています。進化し続けている製品なのです。

しかし「金鳥の夏、日本の夏。」のイメージがあまりにも強すぎて、若い人にはなじみの薄い製品になっていたかもしれません。屋形船や浴衣、夏祭りに花火といった、これぞ日本の夏といった映像を伴ったCMが多かったので、そうなるのもやむをえません。

むしろ、そこまで蚊取り線香が日本の夏というイメージと重なるほど、ＣＭや製品に強い印象を持っていただけてきたことは喜ばしいことです。まさに、製品を覚えていただくためにＣＭはある。「金鳥の渦巻」ＣＭはその役割を十分に果たしてきたと言えるでしょう。

藤原竜也

インタビュー

僕が幼い頃に育ったのは、埼玉の田舎町でした。遊ぶ場所と言えば山や川など、自然に囲まれた所ばかりです。泥だらけになって家に帰ると、いつも蚊取り線香がたいてありました。蚊取り線香は、僕にとって実家の匂いなのです。

東京に出てきてからも、一年中、ベランダでたいています。常に身近なものだったので、今でも欠かせない存在です。嗅いでいると気持ちが落ち着きます。蚊取り線香の匂いがある空間は、不思議と安心感があるのです。やはり、実家の匂いだからでしょうか。

例えるなら、お仏壇のお線香の匂いと同じかもしれません。実家の匂いがお線香だという人は多いかと思います。それと同じです。僕にとって、実家の匂いというのは、蚊取り線香の匂いだったのです。だからこそ、郷愁を感じるようなところもあります。

プライベートでも仕事でもそうですが、海外に行く機会があると、小さい蚊取り線香を携帯しています。ベランダに出て火をつけると、家にいるような感覚になり、気持ちが落ち着くのです。そういった意味でも、蚊取り線香の効用はあると思います。

普段の使い方としては、蚊取り線香をベランダに置いて、窓を網戸にし、ほんのりと香りを嗅げるようにしています。そのような環境で、プロ野球のテレビ中継を見る。それこそまさに、夏のイメージです。

そのように馴染み深いアイテムだったからこそ、CM出演の打診をいただいたときは驚きました。特に、蚊取り線香の

CMと言えば、石川さゆりさんのイメージがありましたし。両親にCMのことを話したら、「嘘だろう」と言っていて。僕も最初は、自分が蚊取り線香のCMに出演している姿をなかなか想像することができませんでした。

ただ、幼少の頃からの思い出もあり、大好きな商品だったので、打診をいただいたときはとても嬉しかったのを覚えています。やはり、自分が好んで使っている商品のCMに出演できるというのは、感慨深いものがあります。もちろん、蚊取り線香そのものが、長く愛されている商品でもありますし、当然CMにも馴染みがありました。

中でも印象に残っているのは、金鳥の花火です。夏休み前の子どものように、花火を見るとワクワクしてしまう感じは今でもあります。また、幼い頃から見ていたので、蚊取り線香と言えば金鳥の花火というイメージがありました。

藤原竜也（ふじわら たつや）

一九八二（昭和五七）年生まれ、埼玉県秩父市出身。一九九七（平成九）年に故蜷川幸雄氏演出の舞台「身毒丸」の主役オーディションでグランプリを獲得し、芸能界にデビューする。ロンドンでの初舞台がイギリスの各紙で大絶賛を浴びた。一九九九（平成一一）年の第三六回ゴールデンアロー賞で演劇新人賞受賞を皮切りに、数多くの受賞経験あり。二〇一〇（平成二二）年から出演している金鳥の渦巻のCMでは、普段から持ち歩いているという蚊取り線香への愛が伝わってくる。

もっとも、蚊取り線香のCMに自分が出演すると考えたとき、どのような流れになるのかは想像もつきませんでした。過去のCMは、古き良き時代の日本を彷彿とさせるテイストだったので、当時二〇代の僕が出演するとどうなるのかな、と。

実際に出来上がったCMは、若い世代の方たちにも受け入れられるような、良い意味で「軽いタッチ」の面白いものに仕上がりました。これまでのCMよりも現代風な雰囲気です。僕が蚊取り線香のCMに出演することで、より若い層にも浸透するようになってくれればと思い、撮影に臨んでいます。

僕が初めて蚊取り線香のCMに出演したのは二〇一〇（平成二二）年。今年で七本目になります。毎回、面白い作品に仕上がっていますが、今年のCMは特に印象に残っています。去年までのスタイルとは大きく異なっているので、ぜひ楽しんで見ていただければと思います。

ちょっとだけ内容を紹介すると、僕が蚊取り線香の工場で、一枚一枚、蚊取り線香をチェックしていたり、合成カットを撮って大きな本社ビルを見上げていたりなど、見ている方も一緒に楽しめる内容となっています。去年までのCMと比べながら見ていただけると嬉しいですね。

CMに出演するようになってからは、金鳥さんから蚊取り線香のセットをいただくようになりました。森の香りやローズの香りなど、新商品も送ってくれるので、身近な人はとても喜んでいます。今では、それを楽しみにしている人もいるぐらいです。

また、撮影に必要ということで、まだ世の中に発表されていない新商品を見たり、香りを嗅いだりできる機会もあります。これはまさに、出演者の特権ですね。僕自身、新商品をいつも楽しみにしています。香りを変えたり、色を変えたりなど、斬新なアイデアに驚かされることも多いです。

撮影に関しては、いつも順調に進んでいます。CM撮影は時間がかかるものもありますが、金鳥さんの場合はスムーズに進むので、長時間になることはほとんどありません。監督も役者も、楽しみながら集中して最後まで撮影できているからでしょうか。とても良い雰囲気の中で撮影しています。

もちろん、CMの内容も非常に考えられていて、面白いものばかりです。例えば、日本で蚊に「さされる」と「かまれる」の違いを表現した内容のCMは、記憶に残っている方も多いのではないでしょうか。地方ごとに言い方が違うという事実を知ったときは驚きましたね。スタッフの方が詳細に分析してくれて、僕も楽しみながら撮影に臨むことができました。

撮影する時期は、秋口から冬になることが多いです。

ただ、シーンとしてはあくまでも夏場を想定しているので、夏日をイメージしたライティングで撮影します。より蚊取り線香が似合うシーンになるように、スタッフ含め、制作側がとても努力していることが伝わってきます。そういった努力があるからこそ、完成度の高いＣＭが出来上がっているのではないでしょうか。

　蚊取り線香は、僕にとって特別な存在です。昔から生活と密着していただけでなく、ＣＭ出演を経て、さらに身近なものとなりました。蚊を退治するだけでなく、気持ち的にもリラックスできるアイテムです。これからも、海外を含めて、色々な所へ行く機会があると思いますが、常に携帯して活用したいと思います。

金鳥の夏は、日本の普通の夏

ぶら下げないよりだいぶいい、虫コナーズ

三月のある日、新CMの撮影が民家を借りて行われました。「虫コナーズ」の新CMは、すでにオンエアされているのでご存知かもしれませんが、女優の長澤まさみさんと高畑淳子さんにご出演いただいています。

広い縁側に腰掛けてスイカを食べている長澤さん。庭で遊んでいるのは高畑さんのお孫さんです。

高畑さんと長澤さんはご近所さんの関係。高畑さんは切り立てのスイカを運んできます。

高畑　虫コナーズってほんまに効いてるかどうかわからへんよね。
長澤　あ〜。
高畑　虫が入ってくるのは見えても、入って来ないのは見えへんもん。
長澤　ほんまやね。じゃあ外してみたら。
高畑　え?!　うーん、そやねえ……、でもまあいいわ。
長澤　外してあげよっか。
高畑　いや、いいって。
長澤　え、なんで？　何怒ってんの。
高畑　いや、ええって。
ぶら下げないよりだいぶいい。金鳥虫コナーズ（はずしてみたら篇）

日本の、どこの街でも見かけるような風景。その中に長澤さんも高畑さんも自然に溶け込んでいらっしゃいます。夏の風に揺れる

「虫コナーズ」は軒下にぶら下がっています。この自然な感じは、今も一般の方が暮らしていらっしゃる民家で撮影したからこそかもしれません。スタジオのセットでは出しきれないリアリティがあります。

まじめに語る説得力

「今回は、虫コナーズをまじめに語りたいと思いました。製品と消費者目線でしっかり向き合いたい。もちろん、まじめに語るだけでは誰にもCMを見てもらえないし、企画内容も奇をてらったものではなかったので、キャスティングもメジャーな方でその語り口に説得力のある方がいいなと思いました。日常会話の中でうまく虫コナーズのことを伝えられるような映像を撮りたかったので是枝監督にお願いしました」

虫コナーズ「はずしてみたら篇」
二〇一六（平成二八）年に放映された虫コナーズのCM。日本の夏のさりげない日常を切り取り、情感や奥深さを込める。

是枝監督と長澤さん、高畑さんを起用した理由を語る電通関西支社の古川さんは、「タンスにゴン」シリーズ二〇〇七年から、金鳥のCMに携わり、ほかにも「サンポール」などのCMも手掛けられています。「キンチョウジェット」(二〇〇〇年)から加わった直川さんとともに、「虫コナーズ」のCMを手掛けられています。お二人とも堀井組のCMを見て育ち、堀井組の仕事にあこがれを持ってこの業界に入られたクリエーターです。

虫コナーズは、二〇一六年で発売一〇年目を迎えました。これを機会に、「虫コナーズってどんなもの?」、「本当に効果があるの?」といった、改めて消費者の皆さんが一番知りたいと思われる効き目について、しっかりお伝えしたいと思って制作したCMです。

一〇年という節目だからこそのメジャー感。映画「海街diary」で日本アカデミー賞最優秀監督賞を受賞した是枝裕和監督と、撮影には同作品で最優秀撮影賞を受賞した瀧本幹也さん、照明も最優秀照明賞を受賞した藤井稔恭さんといった、日本を代表するトップクラスの面々にお集まりいただきました。

「金鳥さんのCMは、意外と思われるかどうか分からないですけど、割といつも商品が真ん中にあるコマーシャルが多いんですよね。あんまり全然関係ないことしてなくて、割と商品を真ん中に置いていて、でもそんなに褒めないというのが他のクライアントさんと違うかなぁとは思いますけど。もちろん製品の特長は伝えるんですけど、褒めすぎないというか。

おそらくですけど、消費者の方は意外と送り手の裏側まで結構見えるので、なんか上手に言って売ろうとするのはバレると思いますよね。金鳥さんは、褒めすぎたり美しく見せようというのではなくて、CMは機能してなんぼやという感覚がありはるところは他社さんと違うと感じています。担当者の方がこういうのが好きといった感覚よりも、製品を伝えるためにドライに広告と向き合っていらっしゃるような気がしますね。

是枝裕和監督の演技指導の様子

虫コナーズの効き目を伝える「ど真ん中表現」をめざし、是枝監督が出演者の自然な演技を引きだしている。

だから金鳥さんはクレームにも強いです。普通の企業さんなら一件でも電話が入ったら大騒ぎという感じですが、金鳥さんは、ある意味反応があったぐらいのほうが見てもらえているんだと感じてくださるので、もちろんクレームは喜ばしいことではないんですけど、あってはいけないことだとは思われていない」（直川）

「金鳥さんは、割とシビアだと思います。このCMで効果あるかどうか。話題になりそうかどうか、結構きびしく判断されるように思います。費用対効果を強く意識していらっしゃるし、かなり前からSNSによる拡散にも注目されていました。

ただ提案に関しては非常に寛容です。どんな案でも「提案」まではさせてもらえる、という感覚があります。ふつうの企業ならもっていけなそうな案も、思い切って提案すれば、話は聞いてくれます。

その上で「ひどいなーこれはないわ！（笑）」と、冷静に判断さ

古川雅之氏（右）と直川隆久氏（左）
電通関西支社クリエーティブ局のCMプランナーのお二人。テレビCMをはじめ、ラジオCMや新聞広告など数多く手がける。

れますが（笑）。プレゼンできない、プレゼンして怒られるかもしれない、ということがないことで、僕たちも、まずは既成概念をとっぱらって、自由に広げて考えることができるんです」（古川）

制作側がそんな思いで挑んだCMでしたが、長澤さんと高畑さん、お二人は演じられて、どんな感想をお持ちになったのでしょうか。

「企画の内容を見て、映画のようだなと。私は、ストーリーがあるCMが好きなので。金鳥さんの過去のCMを拝見しても、ストーリー性が強いと感じていたので、出演させていただけることをうれしく思いました。

ただ大阪弁をしゃべるのが初めてだったので、方言の中でもやっぱり王道ですけど、難しかったですね。難しいよと聞いてはいたんですが、あんなに難しいと思ってなくて。人によって大阪弁がなんだか違うように聞こえてくるんですよね。改めて方言は難しいなと思いました」（長澤まさみ）

「私にCMのご依頼が来るということは、最初は虫やハエになるのかなと思ったんです。それも面白いなと思いましたが、虫じゃなくてよかったです。それに大好きな是枝監督が撮影されるということだったので、美しい映像になるのかなと期待が膨らみました。ただ、撮影中は緊張してしまって、あまり覚えていないですね。面白いことを言っているんですけど、そのさじ加減を判断するのが難しかったですね。

終わった後で、ああすれば良かったなんてグズグズ思うほうなんですよ、私。だから今回も最後まで、その笑いのさじ加減に悩みながら。

ただ後で映像を見ると、景色があまりにも綺麗なんで驚きました。これが是枝マジックなんだなと思いながら、何か不思議だなって。ノスタルジックだし、それでいて日常的だし、また、これ出来上がったら面白いんだろうなと思ったりしていました」（高畑淳子）

どこにでもある、日本の風景

二〇一六年の夏の新CMは、皆さんに金鳥らしいと感じていただけそうな、面白いCMもラインナップされていますが、「虫コナーズ」のCMは、その中でもちょっと異質といいますか、テイストの違うCMに仕上がりました。

長澤さんと高畑さんのやり取りは、爆笑というよりは、じわじわと面白みが出てきます。長澤さん演じる美しい女性を子どものころから知っている高畑さん演じるご近所さんは、親子ではありませんが、あうんの呼吸のようなものがあるようです。「ふんばる手篇」では、高畑さんの息子が登場し、淡い恋心を秘めている長澤さんのどぎまぎとした顔も見逃せません。

自画自賛で恐縮ですが、是枝監督の映像が本当に美しかったです。撮影中にモニターで映像を確認することができたのですが、小さなモニターから覗いているだけでも、映像の美しさが伝わってき

長澤まさみさんと高畑淳子さん
大河ドラマ「真田丸」でも共演する二人。CMでは関西弁で息のあった演技をみせる。

ました。

しかしそうそうたるスタッフの方々と、クリエーターさんのお力を借りて撮影・完成したCMですが、そこで描いたのは、今の日本の夏です。昔話の中の日本の夏ではなく、やはり今の時代の夏。どこでも見られる風景です。

「金鳥の渦巻」もさることながら、金鳥の製品は、皆さんの身近にある製品だということをしっかりとお伝えしたい。今も昔も変わらず、皆さんが害虫からの被害にあうことなく、安心・安全に暮らしていただくためのお手伝いをしたいという気持ちで、ものづくりをしています。

創業以来変わらず、衛生という視点から、人の、社会の、そして地球の健康づくりのためにできることに取り組んできました。私たちが守るべきなのは、日常です。特別な日ではなく、ありふれた毎日なのです。そうした姿勢をCMでもしっかりお伝えしたいと考えての新シリーズなのですが、皆さんの目にはどのように映ったでしょうか。ぜひお教えください。

クリエーターの皆さんが口をそろえておっしゃってくださるように、金鳥はクレームには強い会社のようです。今まで以上に素晴らしい製品をつくり続けていくために、ご意見をいただくことはとても重要なことなので。

金鳥の蚊取り線香が未来技術遺産に

未来へ引き継ぐべき遺産

金鳥の蚊取り線香が、日本の夏の一つとして認識いただいた大きな出来事がありました。それは、国立科学博物館により、重要科学技術史資料（未来技術遺産）に登録されたことです。

国立科学博物館が、どのような基準で重要科学技術資料に認定しているのかをここに紹介します。

国立科学博物館では、「科学技術の発達史上重要な成果を示し、次世代に継承していく上で重要な意義を持つ科学技術史資料」及び

「国民生活、経済、社会、文化の在り方に顕著な影響を与えた科学技術史資料」の保存を図るとともに、科学技術を担ってきた先人たちの経験を次世代に継承していくことを目的として、重要科学技術史資料の登録制度を平成二〇年度より実施しております。
（国立科学博物館　産業技術史資料情報センター）

未来技術遺産とは、過去の科学技術史資料のうち未来へ引き継ぐべき遺産として名づけた愛称です。登録番号は第00135号で、【世界初の除虫菊を含む蚊取線香】という名称で七つの関連品を二〇一三年度の未来技術遺産としてご登録いただきました。

1、棒状蚊取線香「金鳥香」
2、渦巻型蚊取線香「金鳥の渦巻」
3、渦巻型蚊取線香　試作木型
4、機械式　手巻き用線香押し出し機

5、蚊取線香戦前の海外向けポスター群
6、「除虫菊栽培書」、「日本の除虫菊」
7、木製線香突き

金鳥は二〇一五年で創業一三〇周年。「金鳥の渦巻」は誕生して一二〇年を迎えました。

金鳥の創業者である上山英一郎は、除虫菊の栽培を広く奨励し、全国各地を駆け回りながら、新聞広告に除虫菊の苗を譲りますと広告を打ち、普及に努めました。そして、世界初の蚊取り線香を一八九〇（明治二三）年に発明、棒状から現在の「金鳥の渦巻」の形に完成するまで試行錯誤を繰り返しました。その後蚊取り線香は世界中に輸出され、マラリア等蚊が媒介する病気の予防に大きく貢献、人々の健康を増進し、現在でも広く用いられているとして選定され、登録されました。

これに代表されるように一世紀以上もの間、金鳥はエポックメーキングなさまざまな製品づくりを通じて、常に業界をリードしてきました。これにおごることなく、今後も、金鳥ブランドに誇りを持ち、未来を見すえた新しい製品づくりに挑戦していきます。

海外でも活躍する金鳥の蚊取り線香

ユーゴスラビアへの恩返し

創業者である上山英一郎は、恩師である福澤諭吉の紹介で、米国植物会社社長のH・E・アモア氏を紹介されます。ミカンの苗を渡したお礼としてアモア氏から、除虫菊の種が届いたことがきっかけで蚊取り線香が完成し、現在の金鳥の礎を築くことにつながりました。

除虫菊はもともと旧ユーゴスラビア、現在のセルビア共和国が原産で、花の部分にピレトリンという殺虫成分が含まれています。海外では、花を収穫し、乾燥させて粉末にし、ノミ取り粉として使われていました。殺虫成分があると発見されたのは一四世紀から一五世紀だと言われています。ある女性が野原から摘んできたこの花を部屋に飾っていたところ、枯れてしまった除虫菊の花束の周りでたくさんの虫が死んでいるのを発見したことがきっかけという説もあります。つまり除虫菊が、セルビア共和国と金鳥とを結び付けたのです。

一九二九（昭和四）年、上山英一郎は大阪駐在ユーゴスラビア王国名誉領事に任命されます。日本の除虫菊栽培量は順調に増加し、一九〇五（明治三八）年には日本産除虫菊の本格的な輸出が始まりました。一九二〇年代には、日本の除虫菊の輸出量はユーゴスラビアと競合するまでに成長し、一九三〇年頃には生産量世界一となります。このように除虫菊の用途を開発し、効率のよい除虫菊の栽培方法を考案して生産量を拡大したことから、一九二九（昭和四）年、時の国王アレキサンドル一世から、大阪駐在ユーゴスラビア王国名誉領事の称号を贈られたのです。さらに、翌年には上山勘太郎が大阪駐在ユーゴスラビア王国名誉副領事に任命されました。このように金鳥は昔から、非常に海外との結びつきが強いです。

また、二〇〇四（平成一六）年には、現在の代表取締役社長である上山直英が、在大阪セルビア・モンテネグロの名誉総領事に就任しました。

第二次世界大戦後もユーゴスラビアと日本との外交関係は、東欧諸国の中で最も早く復活しました。戦火の中で、金鳥との親交は一度は途絶えていましたが、こうして名誉あるお役目を務めさせていただくことで、セルビアと日本が伝統的に培ってきた友好関係を、さらに発展させていきたいと思っています。

一世紀企業として果たすべき責務

消費者に誤解のないように

二〇一五年二月二〇日、私たちは、消費者庁の不当景品類及び不当表示防止法（以下「景品表示法」）第6条の規定に基づく措置命令に従い、「虫コナーズ」のパッケージに記載されている文言を変更することに至りました。

「虫コナーズ」は、空間用虫よけと呼ばれる製品で、二〇〇七年の発売以来大ヒットしました。特に軒下などにぶら下げて使うプレートタイプの人気はうなぎ上りで、インパクトのあるCMとともに話題となりました。その後、同業他社も参入し、空間用虫よけ市場は拡大の一途をたどります。空間用虫よけ市場は、二〇一二年に全体で一五三億円、二〇一三年には一六九億円、二〇一四年には一六八億円にまで拡大しましたが、消費者庁の措置命令に伴い、二〇一五年は一一四億円と、大きく落ち込みました。(データは当社調べ)

どのような措置命令であったのかを説明しておきます。

対象となったのは、「虫コナーズプレートタイプ」と「玄関用」です。虫コナーズは屋内と屋外の境目で使用し、屋内への虫の侵入を予防する商品ですが、本製品のパッケージに記載されていた表示には、「使用の目安一二畳」または「一四畳」といった範囲の表示において、開放空間でも同等の効果があるように消費者の皆様に誤解を与えるものだ、という判断です。各社への命令内容は不明ですが、金鳥と同じく空間用虫よけ製品を販売していた四社に対して措置命令が出されました。

当社としてはこの指摘を真摯に受け止め、消費者の皆様に誤解を与えないよう、「使用の目安は屋内テスト結果であること」、また、「屋内と屋外の境目で使用してください」という文言を追加するなど、表示内容を変更しました。

創業から一三〇年以上の歴史の中で、効果に自信がある製品を販売し続けてきました。

世界で初めて除虫菊に含まれる天然殺虫成分「ピレトリン」の立体構造を解明した当社は、その成果を基礎にさまざまな研究開発を重ね、フラメトリン、プラレトリン、フェノトリンといった数多くの「ピレスロイド系殺虫成分」の発明を行ってきました。そして近年、世界に先駆けてピレスロイドをはるかにしのぐ殺虫成分「シラフルオフェン」を発明し、実用化に成功。これら数々の実績は日本国内だけでなく世界でも高い評価を得ています。

殺虫剤の分野で培った研究成果は、衣料用防虫剤をはじめ各種洗浄剤などの家庭用品分野にまで広がりをみせています。創業の地である和歌山をはじめ各地に、厳しい品質管理システムを構築した工場を設け、製品づくりに努めています。

しかしながら、一人でも多くのお客様に製品を手にしていただくには、やはりわかりやすく誤解のない表示記載は責務です。ＣＭも同様で、誤解のない的確な情報伝達が今後一層求められるのは言わずもがな、私たち企業の責務でもあると考えます。

これから求められるのは予防と殺虫

世界気象機関である、国連気候変動に関する政府間パネル(Intergovernmental Panel on Climate Change = IPCC)の第五次評価報告書によると、二一〇〇年の世界地上平均気温は、現在(一九八六－二〇〇五年)と比較して〇・三～四・八℃上がると予測されています。

現在でも夏の熱中症対策が叫ばれていますが、熱中症で病院に運ばれる人は毎年続出しています。水不足や、海水の温度上昇により台風の誘発、高潮による危険地帯の増加も懸念されています。温暖化により私たちの生活環境が激変することは周知の事実といっても過言ではないでしょう。

二〇一四年八月には、ヒトスジシマカの媒介によるデング熱の症例が約七〇年ぶりに日本で報告されました。ヒトスジシマカは、近年、温暖化によってその生息域が広がっています。日本でも、生息域が次第に北上していることが確認されていますが、二一〇〇年には寒冷地である北海道まで拡大すると予測されています。

気温が高くなったり、暑い場所で、より増殖するのが害虫なのです。つまり、これから先、私たちが見たこともないような害虫や、想定外であった害虫による被害が深刻化する可能性は大いにあるわけです。

防虫剤や殺虫剤を製造・販売する企業として、私たちは日々変わっていく生活環境に対応する新製品を提案させていただいているわけです。特に今後は、予防と殺虫。なるべく虫との接触機会を減らした上で、必要に応じて確実に殺虫するというような、快適性と確かな効き目の両立が求められるでしょう。「虫コナーズ」もそういった考えから開発されたものですし、すべての製品がお役に立つという信念のもと開発されています。

金鳥宣伝部は、開発されてきた製品の内容を消費者の皆様、販売をしてくださる皆様、私どもと市場を繋いでいただいている流通の皆様、金鳥製品を支えていただいているすべての皆様にご理解いただき、役立てていただく為のCMをお届けしていきたいと願っております。

私どもの製品も変わります。ここまで読んできていただいたように、私たちの送り出してきたCMも時代の変遷とともに、大きく変わってきました。これからはもっと大きな変化の波がやってくるでしょうか。

しかし、時代がどれだけ変わり続けようとも、市場がどれだけ新しくなろうとも、「金鳥のCMはやっぱり面白いな」と言われるようなCMを私たちは送り続けてまいりたいと思います。

皆様の子々孫々の代まで、金鳥は金鳥であり続けてまいります。

あとがき

　こうして過去を振り返ると、大阪に拠点を置く、一つの中小企業にすぎない金鳥が全国区の知名度をいただいているのは、CMがあってこそだと思わずにはいられません。

　そして金鳥が日本の夏を象徴する存在の一つになれたのは、企業を代表する製品「金鳥の渦巻」が夏という季節にもっとも活躍する製品であっただけでなく、「おもしろCMの金鳥」という印象を創り上げてくださった、各広告会社のクリエーターさん達や、どんな依頼にもひるまずにCMに出演いただいた俳優や著名人の方々、夏が近づいてくると売り場に殺虫剤コーナーを設けるなどで販売促進にご協力をいただいている小売店の皆様、そしてそこで足を止め、そろそろ「金鳥の季節」だなと実際に購入いただき、使っていただいた数多くの消費者の皆様がいらっしゃったからだと思います。

　皆様の多大なるご協力のおかげで今日まで来たのだということ

を、しみじみと感じることができました。この場を借りてお礼を申しあげます。

とは言いましても、品質には相当にこだわり、安心・安全な製品づくりのための研究・開発に取り組み、自信を持ってご提供できる製品が根底にあった上でのＣＭづくりであることは間違いなく、温暖化が進むなど地球環境が変化し続ける昨今、より一層の改善や工夫が求められるだろうと考えます。金鳥はさらに進化し続けなければなりません。

「くすっ」と笑えることでもいい、「こんな気持ちわかるな」と共感していただけることでもいい。しかし、何かしら見ている方の心が動かなければ、製品の印象は残りません。開発部の面々がどんなに苦労して製品化したとしても、その特長を伝えられなければ製品を買っていただくことはできません。

おもしろＣＭが制作できたら、製品が確実に売れるというわけではありませんが、それでも宣伝部に脈々と流れるCMづくりへのスタンスは変わらないでしょう。宣伝部の歴史を大切にしながら、「伝える」ことにこだわりを持って、今後も、印象に残るCMをつくり続けたいと思います。

編者

【編者】
金鳥宣伝部
金鳥宣伝部のある大日本除虫菊株式会社は、日本で除虫菊栽培の普及に努め渦巻型蚊取り線香を発明し世界中に広めた。家庭用殺虫剤、衣料用防虫剤、家庭用洗浄剤、防疫用殺虫剤などの製造および販売を行ない「金鳥」、「KINCHO」の商標名で知られる。企業スローガンは「昔も今も品質一番」。

金鳥の夏はいかにして日本の夏になったのか?
カッパと金の鶏の不思議な関係

2016年8月4日　第1刷発行

編者 ―― 金鳥宣伝部
発行 ―― ダイヤモンド・ビジネス企画
〒104-0028
東京都中央区八重洲2-3-1住友信託銀行八重洲ビル9階
http://www.diamond-biz.co.jp/
電話 03-6880-2640(代表)
発売 ―― ダイヤモンド社
〒150-8409　東京都渋谷区神宮前6-12-17
http://www.diamond.co.jp/
電話 03-5778-7240(販売)
編集制作 ―― 岡田晴彦
制作進行 ―― 有坂美紀・水早將
編集アシスタント ―― 吉川亮・笠原瑛里
撮影 ―― 原田康雄(グライド)・藤八州相(フジスタジオ)・中田悟・丸谷裕一・山口結子・近藤晶子・齋藤久夫(ケイフォトサービス)
装丁・本文デザイン ―― 上田英司(シルシデザイン)
DTP ―― 村岡志津加・齋藤恭弘
編集協力 ―― 吉川ゆこ・河﨑惠弥
印刷進行 ―― 駒宮綾子
印刷・製本 ―― 中央精版印刷

ISBN 978-4-478-08392-5